ZHIYE JIAOYU
HANGKONG ZHUANYE GUIHUA JIAOCAI

职业教育航空专业规划教材

航空服务心理与实务

职业教育航空专业教材编委会　编

主　　编：魏全斌　刘　桦　刘　忠

执行主编：马咏梅

副 主 编：雷朝晖　蒋有明

编　　写：马咏梅　雷朝晖　周逻宏　曾　倩

　　　　　陈　蓉　李珊珊

四川教育出版社
·成 都·

图书在版编目（CIP）数据

航空服务心理与实务 / 魏全斌等编. —成都：四川教育
出版，2019.1（重印）
职业教育航空专业规划教材
ISBN 978-7-5408-4957-3

Ⅰ.航… Ⅱ.魏… Ⅲ.民用航空-旅客运输-商业心理-
学-职业教育-教材 Ⅳ.F560.9

中国版本图书馆 CIP 数据核字（2008）第 113877 号

策　　划　侯跃辉
责任编辑　刘节雨　何　蓓
封面设计　何一兵
版式设计　顾求实
责任校对　胡　佳
责任印制　张克庆　陈　庆
出版发行　四川教育出版社
　　　　　地　　址　成都市槐树街 2 号
　　　　　邮政编码　610031
　　　　　网　　址　www.chuanjiaoshe.com
印　　刷　成都中永印务有限责任公司
制　　作　四川胜翔数码印务设计有限公司
版　　次　2010 年 8 月第 2 版
印　　次　2019 年 1 月第 7 次印刷
成品规格　184mm×250mm
印　　张　10
定　　价　25.00 元

如发现印装质量问题，请与本社调换。电话：（028）86259359
营销电话：（028）86259605　邮购电话：（028）86259694
编辑部电话：（028）86259381

编委会

前言

"十五"期间,我国的国民经济保持了持续快速的增长,伴随产业的重组,我国民航业进入了第二个高速发展期,逐步呈现出迅猛发展的趋势。根据中国民航总局的规划,"十一五"期间我国民航机队规模将大幅度的增大。许多国外航空公司开辟了中国航线,对中国航空服务人才的需求也在不断增加。这些因素都使民航专业人才的需求呈现上升趋势。中国民航迎来了前所未有的发展和机遇,但同时,中国民航业也面临着市场经济的严峻挑战和激烈竞争。在硬件技术差距越来越小的航空市场,市场的竞争也不再是单一的价格与技术的竞争,服务的竞争逐渐成为竞争的主要内容。航空服务成为决定航空企业服务质量与经济效益的一个极其重要的因素。只有拥有最完美服务的企业才是客户值得永远用行动和货币去支持的企业。只有让航空乘客满意,航空企业才能获得良好的发展。

民航业的快速、多样化发展,对航空服务人才的大量需求,使民航业人才培养的模式也从原来单一依靠民航系统院校培养,发展成为多层次的职业学校的培养模式。

为了贯彻"以就业为导向、以服务为宗旨"的职业教育办学方针,适应职业院校人才培养和素质教育的需要,同时适应职业学校课程设置要求,我们组织了一批在职业教育战线多年从事教学、研究工作的教师和行业的技术骨干编写了这套面向中等职业学校航空服务专业的教材。

航空服务的特殊性要求航空服务人员不仅要有过硬的专业素质和技能,更要有良好的心理素质及一定的心理学知识。我们编写的《航空服务心理与实务》,把心理学知识与航空服务有机结合起来,并且适应中等职业学校航空服务专业课程设置与教材对于科学性、针对性、规范性的要求,使教材更适合学科教学和行业发展的需要。本书还结合国内外相关专业的新信息,努力缩短教材与行业之间的距离,时代感和针对性强;结合中等职业学校学生实际,内容丰富,形式活泼,深入浅出,可读性和操作性强。该教材力求让学生了解航空服务的本质及航空旅客的心理需求,达到强化航空服务意识、端正航空服务态度、优化航空服务环境、最终提高航空服务质量的目的。

本书编写分工如下:第一、二、九章由马咏梅老师编写;第三章由雷朝晖老师编写;第四、五、六章由周遂宏老师编写;第七、八、十、十一章由曾倩老师编写,其中陈蓉老师参与了第二章的编写。全书在编写过程中,得到相关行业专家的指正,得到四川西南航空专修学院,成都航空旅游职业学校、成都礼仪职业中学、成都华夏旅游商务学校、成都双流职教中心的大力支持和指导,在此谨向给予本书支持帮助的专家、同仁,致以衷心的感谢。编写中我们参考、采纳了国内外专家学者多种论文专著,在此我们一并对他们表示衷心的感谢。由于编写时间仓促,我们在参考引用某些文献时未能征得原作者的同意,原作者见书后,请与我们联系，以便我们寄奉稿酬或样书，并在重版时对书稿相关事项予以弥补。本书若有不足之处，恳请读者批评指正。

编者

2010 年 6 月

目　录

第一章　航空服务心理学概述　/ 1
　　第一节　心理学知识简述 ……………………………………………… 1
　　第二节　什么是航空服务 ……………………………………………… 11
　　第三节　航空服务心理学概述 ………………………………………… 16

第二章　航空服务人员能力品质的培养　/ 20
　　第一节　观察能力的培养 ……………………………………………… 21
　　第二节　注意能力的培养 ……………………………………………… 26
　　第三节　表达能力的培养 ……………………………………………… 31
　　第四节　劝说能力的培养 ……………………………………………… 34
　　第五节　倾听能力的培养 ……………………………………………… 39

第三章　航空旅客的感知觉与航空服务　/ 44
　　第一节　航空旅客的感知觉 …………………………………………… 44
　　第二节　影响航空旅客感知觉的因素 ………………………………… 49
　　第三节　航空服务人员对航空旅客的感知觉 ………………………… 56

第四章　航空旅客的需要与服务　/ 59
　　第一节　需要的含义及需要层次理论 ………………………………… 60
　　第二节　航空旅客的服务需要 ………………………………………… 62
　　第三节　特殊航空旅客的服务需要 …………………………………… 66

第五章　航空旅客的个性心理特征与服务　/ 70
　　第一节　个性的含义和心理特征 ……………………………………… 70
　　第二节　航空旅客的个性特征及航空服务 …………………………… 73

第六章　航空服务中的情绪、情感与服务　/ 78
　　第一节　情绪的含义和心理特征 ……………………………………… 79
　　第二节　航空旅客的情绪情感特征 …………………………………… 82
　　第三节　航空服务人员的情绪与航空服务 …………………………… 86
　　第四节　航空服务人员的情绪调控 …………………………………… 89

第七章　航空服务的态度要求　/ 93
　　第一节　态度的含义和特征 …………………………………………… 94

第二节　航空服务中提高旅客满意度的目的和意义 ……………………… 96

第三节　航空服务人员的态度要求 ………………………………………… 98

第八章　航空服务中的人际关系处理　／102

第一节　人际关系及影响人际关系的因素 ………………………………… 103

第二节　人际交往的原则和作用 …………………………………………… 105

第三节　航空服务中的客我交往及影响因素 ……………………………… 107

第四节　航空服务中客我交往的原则及交往技巧 ………………………… 109

第九章　航空服务中的沟通策略　／113

第一节　沟通的含义和作用 ………………………………………………… 113

第二节　航空服务中的沟通策略与技巧 …………………………………… 117

第三节　航空服务中常见的沟通障碍与应对 ……………………………… 125

第十章　航空服务各岗位服务心理与策略　／131

第一节　电话订座与售票处服务心理与策略 ……………………………… 131

第二节　值机处服务心理与策略 …………………………………………… 133

第三节　候机室服务心理与策略 …………………………………………… 134

第四节　空中服务心理与策略 ……………………………………………… 135

第五节　行李查询服务心理与策略 ………………………………………… 137

第六节　民航宾馆服务心理与策略（前台、客房） ……………………… 139

第七节　民航餐厅服务心理与策略 ………………………………………… 140

第八节　民航商场服务心理与策略 ………………………………………… 142

第十一章　航空服务中旅客的冲突、投诉心理与服务　／144

第一节　冲突与投诉的原因 ………………………………………………… 145

第二节　冲突、投诉的一般心理与服务 …………………………………… 146

第一章　航空服务心理学概述

教学目的　1. 了解心理学的基本概念及其本质，了解航空服务的概念和特征。
2. 掌握航空服务心理学的研究对象和本质特征。
3. 明确心理学的知识运用于民航服务中对于提高民航服务质量的重要意义。

案例导入

　　5月18日，某航空分公司地面服务部开展了为期两天的服务心理学的培训。该部特别邀请了国家职业咨询师、民航干部管理学院资深教授来公司授课。公司客舱部、市场部、企划部部分员工参加了此次培训。

　　培训主要从心理学基本原理着手，根据马斯洛动机理论中人的五种需要（生理需要、安全需要、社会需要、尊重需要、自我实现需要），结合服务工作，分析了航空服务与旅客间的关系、旅客心理以及员工对个人、他人心理的认识与处理等问题。培训结合民航现状，以案例举证，探讨服务部门如何与服务实际相结合，为旅客提供优质服务；面对航班延误、旅客情绪激动等情况，如何分析旅客心理，从而更好地做好后期旅客服务工作。服务过程中，员工怎样提高与旅客交流的技巧；面对庞大的旅客群，员工如何做好自身心理防卫，保持健康的心理。与不同气质、性格人的如何互补做好工作；不同性格的人相处，如何调整好自己的心态。同时，还为每一位参与培训的人员做了一次自身心理测试，从而让每个人了解自己的气质类型，以克服自己在服务中的心理弱点。

　　民航服务是一项以旅客满意为出发点的工作。为旅客提供服务，除了满足旅客最基本的需求外，还要给旅客带来精神上的安慰和享受，这就需要研究人的心理。民航服务从业人员要了解、把握旅客的各种心理特点，了解不同国家、不同民族的文化背景和差异；要根据自身的心理和行为，培养自己良好的心理素质。这就要求民航服务人员要学习和掌握心理学方面的有关知识，将心理学知识与民航服务工作有机地结合起来。有关心理学的知识、研究成果与方法因此在航空服务领域越来越被重视和运用。

第一节　心理学知识简述

读一读

　　人类认识和改造客观世界的本领高超无比。人的心理，人的这种高度发展的智能是从哪里来的呢？人类的智能从种族发展上讲，是随着生物的长期演化而不断演进的结果。就人类个体讲，一个人的心理活动则是在他出生以后就开始的生活实践中逐渐学习得来的。随着社会的发展，人类智能的发展事实上是无限的。人类凭着他高度的智能可以创造无数造福于社会的奇迹，但人类也往往会做些蠢事，以至很大的蠢事。人类智能发展和运用不当也就会给自己、给人类社会带来祸害，因此，人不但要管天、管地，而且也要管好自己，要通过各种有效的途径和方式进行自我调控。诸如合理的社会改革、教育措施、各种法制、各种社会风习、各种合理管理、控制环境污染、美化环境、合理使用能源、节制生育等，都是人类管理自己、进行自我调控的必要而有效的途径和方式。而人类要管理自己也有必要了解自己。心理学所提供的知识在这里是大为有用的。

（资料来源：潘菽.《潘菽心理学文选》1987）

一、心理学的产生和发展

心理学是一门以解释、预测和调控人的行为为目的，通过研究分析人的行为，揭示人的心理活动规律的科学。它兼有自然科学和社会科学的双重性质。因为人的心理活动是在头脑中产生的，必然会受到生物学规律的影响和支配；同时人是具有高级社会属性的生物，一切活动都不能摆脱社会、文化方面的影响，因而又具有社会科学性质。

（一）心理学的产生

19世纪中叶以前，对心理的探索和研究，都是处于一种无明确的研究目的、目标，无明确的研究思想、方法的混沌状态下自发的或不自觉地进行的，夹杂在对哲学和神学的研究中。心理学的内容在哲学和神学的内容中，心理学家是由哲学家、神学家、医学家或其他科学家兼任，心理学的方法也主要是思辨的方法。亚里士多德的《灵魂论》，可以说是世界上的第一部心理学专著。

心理学的真正历史，是1879年冯特在德国莱比锡大学建立世界上第一个心理实验室才开始的。冯特是公认的第一个把心理学转变成一门正式独立学科的真正奠基者，也是心理学史上第一位真正的心理学家。他的《生理心理学原理》是心理学史上第一本真正的心理学专著。心理学既是一门古老的科学，又是一门年轻的科学。

知识链接

冯特（wilhelm wundt，1832—1920），德国

生理学家、心理学家，现代实验心理学的创始人之一。冯特出生在德国巴登的一位牧师家庭里。早年习医。1856年在海德堡大学获博士学位。1857—1874年在该校任教，曾开设生理心理学课程，并出版《生理学原理》。1875年在莱比锡大学成为教授。1879年创立了世界上第一个心理实验室。冯特是构造主义心理学的奠基人。他主张心理学研究直接经验。心理学的研究方法只能是实验性的自我观察或内省。冯特用这种方法研究了感觉、知觉、注意、联想等过程，提出了统觉学说。还根据内省观察提出了情感三维说。他还主张用民族心理学的方法研究高级心理现象，

这对社会心理学的产生和发展有重要影响。冯特的哲学思想是混乱的，在身心关系的问题上，他主张精神和肉体是彼此独立的序列和过程，因而陷入了二元论。他一生的著作很多，

代表作有：《生理心理学原理》、《民族心理学》、《感官知觉学说的贡献》《心理学大纲》等。

（资料来源．陈元辉，《教育与心理辞典》福建教育出版社，1988）

（二）现代心理学主要派别

1．构造主义

冯特建立的实验心理学既标志着心理学作为一门独立的科学从哲学中分离出来，也标志着现代心理学第一个学派－－构造主义的开始。该学派主要代表人物是冯特和其学生铁钦纳，其心理学体系的主要观点：（1）心理学是研究直接经验的科学；（2）元素分析与创造性综合；（3）实验内省法。铁钦纳一方面继承了冯特的心理学体系。另一方面在一定程度上也修正和发展了冯特的心理学体系，冯特认为内省法只能用来研究简单的心理过程，而铁钦纳则把内省法用来研究思维、想象等高级的心理过程；冯特把心理元素分解为纯粹的感觉和简单的情感，铁钦纳则把意识经验分析为三种元素：感觉、意象和感情。感觉是知觉的基本元素；意象是观念的元素；感情是情绪的元素。总之，铁钦纳把心理过程分析为感觉、意象、感情，并认为感觉、意象有四种属性，即性质、强度、持续性和清晰性。感情有前三种属性而缺乏清晰性。三种元素在时间和空间上混合形成知觉、观念、感觉、感情、情绪等心理过程。

2．行为主义

行为主义是美国现代心理学的主要流派之一，也是对西方心理学影响最大的流派之一。行为主义产生于20世纪初的美国，代表人物是华生和斯金纳。行为主义的主要观点是认为心理学不应该研究意识，只应该研究行为，把行为与意识完全对立起来。在研究方法上，行为主义主张采用客观的实验方法，而不使用内省法。主要观点可以概括如下：

（1）机械唯物主义决定论。

（2）认为心理学是一门自然科学，是研究人的活动和行为的一个部门，要求心理学必须放弃与意识的一切关系。提出两点要求：第一、心理学与其他自然科学的差异只是一些分工上的差异；第二、必须放弃心理学中那些不能被科学普遍术语加以说明的概念，如意识、心理状态、心理、意志、意象等。

（3）极力要求用行为主义的客观法去反对和代替内省法。认为客观方法有四种：第一，不借助仪器的自然观察法和借助于仪器的实验观察法；第二，口头报告法；第三，条件反射法；第四，测验法。斯金纳则属于新行为主义心理学，他只研究可观察的行为，试图在刺激与反应之间建立函数关系，认为刺激与反应之间的事件不是客观的东西，应予以排斥。斯金纳认为，可以在不放弃行为主义立场的前提下说明意识问题。

3．格式塔心理学

格式塔心理学是西方现代心理学的主要流派之一，1912年在德国诞生。代表人物韦

特墨、考夫卡和苛勒。根据其原意也称为完形心理学，完形即整体的意思，格式塔是德文"整体"的译音。该学派反对把心理还原为基本元素，把行为还原为刺激——反应联结。他们认为思维是整体的、有意义的知觉，而不是联结起来的表象的简单集合；主张学习是在于构成一种完形，是改变一个完形为另一完形。所谓格式塔，是德语 Gestalt 的译音，意即"完形"；他们认为学习的过程不是试尝错误的过程，而是顿悟的过程，即结合当前整个情境对问题的突然解决。

其著名的实验便是苛勒做的猩猩吃香蕉的实验：把香蕉悬在黑猩猩取不到的木笼顶上，笼中黑猩猩在试图跳着攫取香蕉几次失败后，干脆不跳了，它若有所思地静待了一会儿，突然把事先放在木笼内的箱子拖到放香蕉的地方，一个够不着，将两个箱子叠在一起，爬上箱子取下香蕉。格式塔学派重视知觉组织和解决问题的过程以及创造性思维，这些都为现代认知心理学奠定了基础。

4. 精神分析

精神分析学派的创始人 S. 弗洛伊德是奥地利的精神病学家，其代表作有《梦的解析》《精神分析新引论》《精神分析纲要》。弗洛伊德把一个人的人格看成由本我、自我和超我三部分构成的系统。

本我是个体原始的意识状态，它遵循简单快乐原则，也就是说它需要满足时就马上希望得到满足。自我是指个体为了调和周围世界和内部驱力通过暂停或停止快乐原则，追随客观环境的现实原则而发展出来的意识状态。它需要满足时会愿意有一个等待的过程。它遵循现实主义原则。自我一般是延迟本我的即时需要而产生出来的意识水平。一种观点认为自我的范式与本我同时存在，然后发展壮大。还有一种说法认为自我是从本我中分化出来的。超我是来自外在环境的道德等影响而产生的意识状态，它遵循理想原则和完美主义原则。超我是社会性的，它会以良心等形式表现。对于超我开始发展的时间在精神分析学派中目前有两种观点，一种认为超我是在 6 岁开始酝酿形成，另一种观点则认为超我是 10 岁左右开始形成的。

本我、自我、超我的发展过程是：本我做为个体早期的基点，它遵守快乐原则，然后在个体和现实环境的互动与适应发展中出现自我，并开始适应现实原则。主要表现为幼儿的本我遵循的快乐原则是即时快乐的方式——初级思维（想得到就立即要得到）。这可能和现实环境情况不合拍，因此在成长中出现延迟获得快乐的次级思维（想得到但会不要求立即得到），这样自我就开始崛起和发展。

在大约 6 岁以后超我的力量开始崛起。这主要是社会道德等加入个体内部的竞争，在自我的基础上发展出超我。所以超我应该看作是一种特殊的自我，但它又反过来制约自我。在 6 岁或 10 岁这个年龄段，正是个体的主观分化，能够感受他人的感觉和想法与自己的感觉、想法可能有所不同的年龄段的开始或者完成的阶段。

（三）心理学的发展

继 1879 年心理学产生以后，心理学获得了迅速的发展，或反对或继承冯特，或另辟蹊径独树一帜，心理学出现了各种各样的上百个的流派，且遍布世界各地。

经过一百多年的发展，心理学已具有众多分支学科，形成了一个庞大的学科体系。如普通心理学、社会心理学、教育心理学、法律心理学、管理心理学、消费心理学、差异心理学、旅游心理学、广告心理学、营销心理学等等，航空服务心理学，也属于这个学科体系的一员。而且，随着人类社会实践活动的发展，分工的越来越细，心理学及其分支学科还会不断地得到发展壮大。

知识链接

心理学的研究领域

心理学家将他们的研究集中于行为与经验的各个不同方面，形成了心理学的许多专门领域，也产生了心理学与其他学科的交叉，如工程心理学、健康心理学、运动心理学、教育心理学、心理药理学、音乐心理学，甚至还有心理神经免疫学等。下图列出了心理学某些下属的领域及有关的学科。

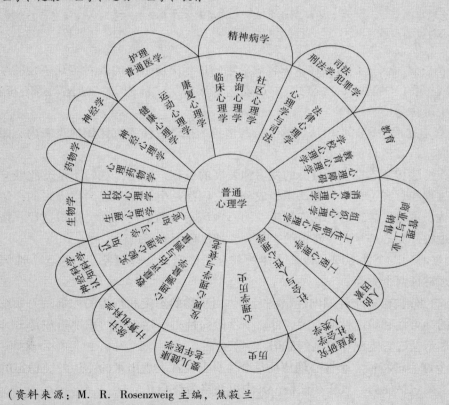

（资料来源：M. R. Rosenzweig 主编，焦菽兰等译。《国际心理科学——进展、问题与展望》1994）

二、心理学的含义和心理的实质

（一）心理学的含义

心理学是研究人的心理现象或心理活动发生、发展及其规律的科学。我们分心理过程和个性心理两个方面来加以阐述。

1. 心理过程。它包括认识过程、情感过程和意志过程三方面。其中认识过程是基本的心理过程，情感和意志是在认识的基础上产生的。

（1）认识过程。这是指人在认识客观事物的过程中，为了弄清客观事物的性质和规律而产生的心理现象。感觉、知觉、记忆、想象和思维等心理活动，在心理学中统称为认识过程。

知识链接

感觉：人脑经由感官对客观事物个别属性的直接反映称为感觉。

知觉：人脑经由感官对客观事物整体属性的直接反映叫知觉。

记忆：人对客观事物反复感知后，在头脑中形成较为巩固的映象，并在需要时把映象重现出来的心理活动，称为记忆。

思维：人脑对经由感知得到的事物现象材料进行分析、综合、抽象、概括，揭示事物的内在联系和本质特征的心理活动叫思维。

想象：人脑对从感知得来的事物表象（记忆中的事物形象）进行加工组合，形成现实生活中存在或不存在的新形象的心理活动称为想象。

（2）情感过程。这是指人在认识客观事物的过程中所引起的人对客观事物的某种态度的体验或感受。"愉快"、"满意"、"热爱"、"厌恶"、"欣慰"、"遗憾"等心理反应，在心理学中统称为情感过程。

（3）意志过程。这是指由认识的支持与情感的推动，使人有意识地克服内心障碍与外部困难而坚持实现目标的过程。

认识、情感和意志都有其自身的发生和发展的过程，但是，它们不是彼此独立的过程。情感过程和意志过程中含有认识的成分，它们都是由认识过程派生出来的；情感与意志又对认识过程发生影响，它们是统一的心理活动中的不同方面。认识过程、情感过程、意志过程作为心理学研究对象的一部分，被统称为心理过程。

2. 个性心理。个性心理是每个个体所具有的稳定的心理现象。它包含个性倾向性和个性心理特征两个方面。

（1）个性倾向性。个性倾向性是决定个体对事物的态度和行为的内部动力系统，是具有一定的动力性和稳定性的心理成分。个性倾向性是个性心理的重要组成部分，它对相关的心理活动起着支配和控制的作用。

（2）个性心理特征。个性心理特征是个体身上经常表现出来的本质的、稳定的心理特征。它主要包括能力、气质和性格，其中以性格为核心。

（二）人的心理的实质

脑是心理的器官，心理是脑的机能。大量的研究表明，心理机能能依赖于人脑，心理现象是脑的机能。例如，临床研究发现，语言表达功能的障碍是和大脑额叶特定区域的损伤有关的；而老年痴呆是大脑双侧额叶及海马受损伤的结果。

心理的实质是脑的机能，是对客观现实的反应。

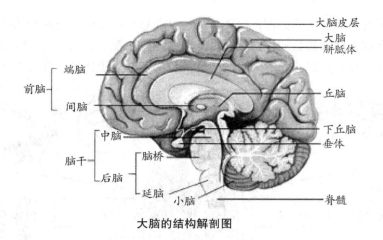

大脑皮层
大脑
胼胝体
端脑
前脑
丘脑
间脑
下丘脑
垂体
中脑
脑干
脑桥
后脑
延脑
脊髓
小脑

大脑的结构解剖图

知识链接

大脑的结构和机能

脑干：包括延脑、脑桥和中脑。延脑在脊髓上方，背侧覆盖着小脑。作用：支配呼吸、排泄、吞咽、肠胃等活动，叫"生命中枢"。脑桥在延脑上方，是中枢神经与周围神经之间传递信息必经之路，它对人的睡眠有调节和控制作用。中脑位于丘脑底部，小脑、脑桥之间。

间脑：丘脑和下丘脑。丘脑——所有来自外界感觉器官的输入信息通过丘脑导向大脑皮层，从而产生视、听、触、味的感觉。对控制睡眠和觉醒有重要意义。下丘脑——调节"植物性神经"，对维持体内平衡，控制内分泌腺的活动有重要意义。

小脑：有小脑皮层和髓质。作用主要是协助大脑维持身体的平衡与协调动作。

大脑的结构：三大沟裂，即中央沟、外侧裂和顶枕裂。四大叶，即额叶、顶叶、枕叶和颞叶。大脑半球的表面有大量神经细胞和无髓神经纤维覆盖，叫灰质，也就是大脑皮层。大脑半球内面是由大量神经纤维的髓质组成，叫白质。还有横行联系的胼胝体。

大脑的分区和机能：（布鲁德曼的皮层分区）分成初级感觉区、初级运动区、言语区、联合区。

1. 初级感觉区：视觉区、听觉区和机体感觉区。视觉区即第17区，产生初级形式的视觉；听觉区即第41、42区，产生初级听觉。机体感觉区即第1、2、3区，产生触压觉、温度觉、痛觉、运动觉和内脏感觉。躯干、四肢在体感区的投射关系是左右交叉、上下倒置。

2. 初级运动区：大脑的第4区称运动区。功能是发出动作指令，支配和调节身体在空间的位置、姿势及身体各部分的运动。

3. 言语区：主要定位于大脑左半球。其中有一个言语运动区觉布洛卡区，即布鲁德曼的第44、45区。这个区域损坏会发生运动失语症；威尔尼克区是一个言语听觉中枢，损伤将会引起听觉失语症。

4. 联合区：感觉联合、运动联合区和前额联合区。大脑的左右半球的功能是不同的。语言功能主要定位在左半球，主要负责言语、阅读、书写、数学运算和逻辑推理。右半球则主要负责知觉物体的空间关系、情绪、欣赏音乐和艺术。

5. 边缘系统：有扣带回、海马回、海马沟、附近的大脑皮层。边缘系统与动物的本能有关，还与记忆有关。

从另一方面说，心理的产生也依赖于神经系统与脑的出现。随着神经系统和脑的发展，才产生了有意识的人的心理，出现了人的抽象思维和复杂的情绪与情感。

个体心理的发展也和脑的发育相联系。婴儿出生之后，神经系统和脑获得迅速的发展，正是在这段时间内，儿童的语言能力和其他认知能力也得到迅速的发展。

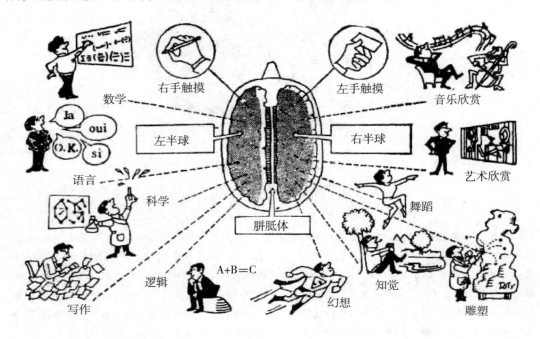

1．客观事物是心理的源泉和内容。

我们说，脑是心理的器官，心理是脑的机能，没有脑就没有心理。但是还应该认识到，只有脑而没有客观事物对它的作用，也不会产生心理。如果仅从这个意义上说，脑就像一面镜子，没有任何客观事物，它是什么也反映不出来的。一个闭目塞听，完全脱离客观世界和现实生活的人，是不能充分认识世界的，也不会具有丰富的心理内容。人的一切心理活动都是对客观现实的反映。心理是对物质世界的复写、摄影或者映象。这是我们理解客观现实和心理关系的唯一正确的结论。

心理反映的内容是外部客观世界，没有客观世界的存在便不会有反映。但也要看到，对客观世界的反映总是通过每个个体来实现的，而且每个个体对客观世界的反映并非像照镜子一样机械地反映，人的心理反映是要受个人条件折射的，要受个人的知识、经验和他的个性特征制约，并通过他的活动来实现的。所以，心理反映总带有个体色彩，这又是主观的。对同一事物，具有不同知识、经验和不同气质、性格的人的心理反映是不同的。不仅不同的人对同一对象的心理反映不同，就是一个人，在不同的时间、环境、不同的主体状况下，心理反映也是不相同的。这就说明，心理是脑对客观世界的反映，同时又有主观条件的制约和改造过程。所以说，心理是客观世界的主观映象。

2．心理支配行为，又通过行为表现出来。

行为是有机体的反应系统，是由一系列反应动作和活动构成的。行为不同于心理，但又和心理有着密切的联系。行为总是在一定的刺激下产生的，而且引起行为的刺激常常通过心理的中介而起作用。不理解人的内部心理过程，就难以理解人的外部行为；心理支配行为，又通过行为表现出来。心理现象是一种主观精神现象，而行为却具有显露在外的特点，它可以用客观的方法进行测量。心理学研究的一条基本法则就是通过外部行为推测内部心理过程。在这个意义上，心理学有时也叫做研究行为的科学。

3. 人的心理具有意识与无意识的特点。

人和动物都有心理。但人的心理不同于动物的心理，它具有意识的特点。人的活动具有明确的目的，能够预先计划达到目的的方法和手段，这是人类意识的一个特点。人的意识还表现在人能够把"自我"与"非我"、"主体"和"客体"区分开来。也就是说，人不仅能意识到客体的存在，而且具有自我意识。正是这种自我意识，使人们能够对自己的所作所为进行自我分析、自我评价、自我调节和控制。动物只有自我意识的萌芽，婴儿的自我意识也有一个发展过程，因而都没有自我分析和自我评价的能力。自我意识是人的心理的重要特点，是个体在一定发展阶段上才能表现出来的，它对个体的发展有着重要的意义。

但是，人的心理除意识外，还有无意识现象。这是人们在正常情况下察觉不到的，也不能自觉调节和控制的心理现象。无意识在人的行为中也有重要的作用，应该成为心理学的研究对象。

读一读

有损大脑的生活习惯

1. 长期饱食：现代营养学研究发现，进食过饱后，大脑中被称为"纤维芽细胞生长因子"的物质会明显增多。这些纤维芽细胞生长因子能使毛细血管内皮细胞和脂肪增多，促使动脉粥样硬化发生。如果长期饱食的话，势必导致脑动脉硬化，出现大脑早衰和智力减退等现象。

2. 轻视早餐：不吃早餐使人的血糖低于正常供给，对大脑的营养供应不足，久之对大脑有害。此外，早餐质量与智力发展也有密切联系。据研究，一般吃高蛋白早餐的儿童在课堂上的最佳思维普遍相对延长。而食素的儿童情绪和精力下降相对较快。

3. 甜食过量：甜食过量的儿童往往智商较低。这是因为儿童脑部发育离不开食物中充足的蛋白质和维生素，而甜食会损害胃口，降低食欲，减少人体对高蛋白和多种维生素的摄入，导致肌体营养不良，从而影响大脑发育。

4. 长期吸烟：德国医学家的研究表明，常年吸烟使脑组织呈现不同程度的萎缩，易患老年性痴呆。因为长期吸烟可引起脑动脉硬化，日久导致大脑供血不足，神经细胞变性，继而发生脑萎缩。

5. 睡眠不足：大脑消除疲劳的主要方式是睡眠。长期睡眠不足或质量太差，会加速脑细胞的衰退，聪明的人也会变得糊涂起来。

6. 蒙头睡觉：随着棉被中二氧化碳浓度升高，氧气浓度不断下降，长时间吸进潮湿空气，对大脑危害很大。

7. 不愿动脑：思考是锻炼大脑的最佳方法。只有多动脑筋，勤于思考，人才会变聪明。反之，不愿动脑的人只能加速大脑的退化，聪明人也会变得愚笨。

8. 带病用脑：在身体不适或患疾病时，勉强坚持学习或工作，不仅效率低下，而且容易造成大脑损害。

9. 少言寡语：大脑中有专司语言的中枢，经常说话也会促进大脑的发育和锻炼大脑的功能；应该多说一些内容丰富、有较强哲理性或逻辑性的话。整日沉默寡言、不苟言笑的人并不一定就聪明。

10. 空气污染：大脑是全身耗氧量最大的器官，平均每分钟消耗氧 500－600 升。只有充分的氧气供应才能提高大脑的工作效率。用脑时，特别需要讲究工作环境的空气质量。

心理是客观现实的反应：是指人的心理现象，不论是简单的，还是复杂的，都是人脑对客观现实的反应，都是客观现实移入到脑内的一种精神现象。客观现实是指人所处的自然环境、社会生活、家庭与学校的教育影响，以及其他人的言语和行动等等。科学心理学认为，社会生活对人的心理起着决定作用，仅仅有高度发达的大脑并不能保证人的心理的发生和发展。

小故事

狼孩卡玛拉

印度的"狼孩"卡玛拉，1920 年被人们发现时，大约有 8 岁。由于长期与狼群生活在一起，养成的完全是狼的习性：用四肢爬行、怕光、夜间活动、吃生肉、不会讲话、只会像狼一样嚎叫，没有抽象逻辑思维，对人抱有敌意。经过两年的学习训练才会站立，4 年才学会 6 个单词。当他 17 岁临死前，只有相当于 3～4 岁儿童的心理发展水平。

三、心理学研究的目标

心理学研究的最终目标，是用研究成果为人类实践服务并丰富、完善本学科的体系内容。具体地讲，心理学研究的是：心理与脑的关系，即脑如何产生心理；客观现实与心理的关系，即客观现实转化成为心理的方式和途径；心理过程与个性心理的关系，即二者如何相互影响；心理与活动的关系，即活动如何影响心理发展变化及心理如何调节支配活动。通过这些研究，揭示其中规律，实现为人类实践活动服务，为本学科的发展服务的目标。

总而言之，心理学是研究人的行为与心理活动规律的科学。简单地说，心理学就是将一些人的行为和心理活动，通过统计的方法，找到某种行为与某种心理活动的相关联系，最后将这种联系加以总结，最终所得的结论服务于应用心理学，实现人对心理活动的有效调节。

知识链接

心理健康的标准

心理学家将心理健康的标准描述为以下几点:

1. 有适量的安全感, 有自尊心, 对自我的成就有价值感。

2. 适度地自我批评, 不过分夸耀自己也不过分苛责自己。

3. 在日常生活中, 具有适度的主动性, 不为环境所左右。

4. 理智、现实、客观, 与现实有良好的接触, 能容忍生活中的挫折和打击, 无过度的幻想。

5. 适度地接受个人的需要, 并具有满足此种需要的能力。

6. 有自知之明, 了解自己的动机和目的, 能对自己的能力作客观的估计。

7. 能保持人格的完整和和谐, 个人的价值观能适应社会的标准, 对自己的工作能集中注意力。

8. 有切合实际的生活目标。

9. 具有从经验中学习的能力, 能适应环境的需要改变自己。

10. 有良好的人际关系, 有爱人的能力和被爱的能力。

11. 在不违背社会的标准的前提下, 能保持自己的个性, 既不过分阿谀, 也不过分寻求社会赞许, 有个人独立的意见, 有判断是非的标准。

第二节　什么是航空服务

青岛海尔集团首席执行官张瑞敏曾说:"没有十全十美的产品, 但有百分之百的服务。"如今, 市场的竞争愈演愈烈, 企业对服务的重视程度越来越高, 提升服务品质, 已经不仅是提升企业竞争力的重要手段, 而且已经成为了决定现代企业成败的关键因素。正所谓一流的企业卖服务, 二流的企业卖产品。为客户提供持续的优质服务是企业竞争的一把利器, 是打造核心竞争力的重要内容。航空公司间的竞争也是非常激烈的, 而且航空公司主要也就是为航空旅客提供服务的企业, 如果没有了服务, 航空公司拿什么去竞争?

读一读

阿联酋航空服务

当你一搭上阿联酋航空, 迎接你的空姐空哥们就是来自各个国家的各色人种。但是, 一样亲切的笑容, 一样耐心的服务。

阿联酋航空荣获了"2005世界最佳航空公司机上娱乐"大奖。对于机上娱乐, 阿联酋航空用800万美元"埋单", 其拥有100个电影和50个电视频道, 超过350个音频频道和40个机上游戏。

阿联酋航空公司很清楚，在丰富航线的基础上，要保持并增加客源，很重要的一个因素是领先、适需的服务。阿联酋航空用世界上最年轻最先进的飞机飞行，平均机龄 55 个月。不到 19 年的历史，这家中东航空公司在业内创造了许多第一。

在荣获的若干奖项之中，阿联酋国际航空大中国及东北亚区域经理刘荣柱特别看中"最佳特需服务"奖，"我们处处追求优秀，对于我们提供给儿童、老人和残疾人士的完整和优质的关怀服务而感到自豪。我们为孩童提供特殊俱乐部、照顾人和休息室，为年轻家庭提供特殊协助，为残疾乘客提供世界领先设施。"

阿联酋航空是世界上最关怀乘客的航空公司之一。例如：为其常客提供免费医疗卡，上面记载诸如哮喘、糖尿病、耳聋及少儿多动症等持续症状。它使得机组人员能更好地识别乘客的特殊需求，并为其提供优质服务。于是，机上会为具有饮食限制的乘客提供特殊餐食，包括糖尿病餐等。阿联酋航空甚至在机上配备了盲文和特大字体安全须知卡。

刘荣柱强调，阿联酋航空一直要求为客人想得更多些：宽敞、舒适的卧铺式座位以左右

各 2 个、中间 3 个排列分布，累了有电子控制的脚凳帮乘客做局部运动，可调的头枕也会帮助恢复清醒的头脑；想看书时，每个座位上方不但带有个人阅读灯而且还有通风百叶窗，还你清新绿色的空气。甚至，A330 机型商务舱可以通过外部摄像机实地观看起飞、着陆和沿途风光。

阿联酋航空始终认为，成功的关键是员工真诚地关心乘客。刘荣柱以为，"作为一个团队，非常主动地探询是提高我们服务标准的方法，不断改善我们的服务才能满足甚至超越客户的期望。"

阿联酋航空的员工经过仔细甄选之后，就面临着全面的培养及培训。公司内部有一套程序来确保员工得到适合的工具及技巧，使其在工作表现、职业培训上达到优秀。阿联酋航空确保员工职业发展机会很多，并有内部的奖励计划来激励提出帮助公司达到更高服务标准的建议的员工。刘荣柱不忘强调，"要保持警醒，经常聆听及理解客户需求的变化，并且在全球航线网络内对我们的服务和产品进行调查。"

目前，阿联酋航空公司飞往中国日渐频繁，每周已有 19 个客运航班和 13 个货运航班。阿联酋航空在中国航班上提供中国风味餐食，如春卷、粥和馄饨等，并且，从中国出发的每个航班上都会安排两名能说中国普通话的机组人员。

阿联酋航空公司把如何为航空旅客提供优质服务放在了极其重要的位置，处处为航空旅客着想，并且以优质完美的服务为公司赢得了极高的声誉，同时也为公司赢得了良好的利润。

一、航空服务的含义

航空服务是以航空旅客的需求为中心，为满足航空旅客的需要而提供的一种活动。从航空旅客的角度看，航空服务是航空旅客在消费过程中所感受，也可说是航空公司及服务人员的表现给他们留下的印象和体验。从航空公司的角度看，

民航服务的本质是员工的工作表现。这是航空公司提供给航空旅客的无形产品，而这个产品具有消费和生产同时发生的特性，它具有不可储存性。

总的来讲，航空服务就是在服务人员礼貌、友善、和蔼可亲的态度接待中所营造的服务环境。良好的航空服务，应该让航空旅客能够产生温暖的、被关注、被理解的宾至如归的美好感觉，并由此达到让航空旅客渴望再次光临的效果。

二、航空服务的特征

航空服务有与其他服务相同的地方，但也有自己的特征。其特征主要体现在以下几个方面：

以航空旅客需求为中心：航空服务是为了满足航空旅客需求而提供的服务，让航空旅客享受到愉悦和快乐。何况航空旅客为得到相应的服务已支付了一定的报酬，所以，航空服务必须围绕航空旅客的不同要求展开工作，要努力使每一位航空旅客感到满意。

即时性：也就是指只有当航空旅客具有一定服务需要时，航空服务行为才能进行和完成。

一次性：航空服务如果出现不周到，让航空旅客不愉快或不满意的情况，是很难消除的，甚至没有弥补的机会。

无形性：航空服务能让人感受到，但却又看不见摸不着，航空旅客很难对其服务质量作出精确的判断，这就是它的无形性。而这无形性也要求航空服务人员自身要有良好的综合素质，才能让航空旅客享受到优质服务。

灵活多样性：航空服务是针对航空旅客个体而进行的服务，不同的航空旅客有不同的服务需求，同一航空旅客在不同的时段也可能有不同的服务需求。这就要求我们的航空服务人员要针对航空旅客的不同需求提供灵活多变的服务。这也要求我们航空服务人员除了具备一定的专业知识和技能外，还应该掌握较为广泛的知识和技能，如旅游知识、心理学知识、礼仪知识等等，以提高航空服务的质量。

系统性：航空服务涉及航空公司各个部门、各个环节，并且体现在具体的服务过程、服务程序和服务质量中，因而具有系统性的特点。

不可转让性：每一位航空旅客所接受的服务都是以当时为限，航班不同，服务人员不同，所接受的服务模式和服务态度也不会相同，航空旅客更无法将其接受的服务转给第三者去体验。这就使航空服务具有不可转让性。

差异性：不同的航空公司，不同的机场，不同的时间，不同的服务人员，其服务模式和形态会呈现出差异性。

三、航空服务的服务标准

1. 航空服务的基本要求

服务是一门很深的学问。它不仅要求你用热情的笑容和尊重的态度去吸引旅客，还要求你用真诚的行为和巧妙的方法去感动旅客，用心与旅客沟通，才能让服务真正地体现出应有的价值，从而体现出最佳的企业形象，最终让服务事半功倍。因而国际航空业对航空服务业做出了统一要求。有关人士认为，航空服务的基本要求可以用英语单词 SERVICE（服务）来进行诠释：

S，即 Smile（微笑）。就是要求航空服务人员对每一位航空旅客提供微笑服务。

E，即 Excellent（出色）。要求航空服务人员要将每一项微小的服务工作都做得很出色。

R，即 Ready（准备好）。要求航空服务人员要随时准备好为航空旅客服务。

V，即 Viewing（看待）。要求航空服务人员把每一位航空旅客都要看做是需要提供特殊照顾的宾客。

I，即 Inviting（邀请）。要求航空服务人员在每一次服务结束时，都要邀请航空旅客下一次再次光临。

C，即 Creating（创造）。要求每一位航空服务人员要精心创造出使航空旅客能享受其热情服务的气氛。

E，即 Eye（眼光）。要求每一位航空服务人员始终要用热情好客的目光关注旅客，预测旅客的要求，并及时提供优质服务，使航空旅客时刻感受到航空服务员在关心自己。

相关链接

航空公司的十把金钥匙

◇旅客就是上帝。　　　　　　　　　◇佩戴好你的名牌卡。

◇微笑。　　　　　　　　　　　　　◇注意清洁卫生，修饰得体。

◇真挚、诚实、友好。　　　　　　　◇团队精神。

◇提供快速敏捷的服务。　　　　　　◇用尊称主动问候。

◇经常使用"我能帮助你吗?""不用谢"。　　◇熟悉自己工作、公司及相关信息。

2. 航空服务专业人员的职业素质要求

首先飞机客舱服务是民航运输服务的重要组成部分，它直接反映了航空公司的服务质量。在激烈的航空市场竞争中，直接为旅客服务的空姐的形象和工作态度，对航空公司占领市场、赢得更多的回头客起着至关重要的作用。其次，民航地勤工作人员的服务仪表仪容、服务意识和职业道德基础、服务语言应用能力、应变能力、自我控制能力、群体合作能力、社会交际能力等也体现了服务质量与展示企业形象的作用。作为一名专业的航空服务人，职业要求主要包含以下几方面。

（1）首先要热爱自己的本职工作。航空服务工作是非常辛苦的，当自己理想中的美好的空姐生活被现实工作的辛苦打破后，要能一如既往地主动、热情、周到、有礼貌，要认真负责、勤勤恳恳、任劳任怨做好工作，面对任何环境的诱惑，依然能坚守岗位。

（2）有较强的服务理念和服务意识。在激烈的市场竞争中，服务质量的高低决定了企业是否能够生存，市场竞争的核心实际上是服务的竞争。民航企业最关心的是旅客和货主，要想在市场竞争中赢得旅客，就必须提高服务意识和服务理念。服务意识是经过训练后逐渐形成的，是不能用规则来保持的，它必须融化在每个航空人的骨子里，成为一种自觉的思想。

（3）有吃苦耐劳的精神。空乘服务人员在人们的眼中是在空中飞来飞去的令人羡慕的职业，但在实际工作中他们却承担了人们所想不到的辛苦。飞国际航线有时差带来的辛苦，飞国内航线时面对各种旅客，工作中遇到的困难和特殊情况随时都会发生，没有吃苦耐劳的精神，就承受不了工作的压力，做不好服务工作。

（4）刻苦学习业务知识。一名航空人，需要掌握许多的知识，比如，在飞往美国的航班上，空姐首先要掌握中国和美国的国家概况、人文地理、政治、经济等基本内容，还要了解航线飞越的国家、城市、河流、山脉以及名胜古迹等，还要掌握飞机的设备、紧急情况的处置、飞行中的服务工作程序以及服务技巧等等。可以说，空乘服务人员上要懂天文地理、下要掌握各种服务技巧和服务理念，不但要有漂亮的外在美，也要有丰富的内在美。

（5）学会沟通。语言本身代表每一个人的属性，一个人的成长环境会影响每个人的说话习惯。作为一名空乘服务人员要学会沟通的艺术，不同的服务语言往往会得出不同的服务结果。如对老年旅客的沟通技巧、对特殊旅客的沟通技巧、对发脾气旅客的沟通技巧、对重要旅客的沟通技巧、对第一次乘飞机的旅客的沟通技巧、对航班不正常时服务的沟通技巧等都要掌握。在空乘服务中，一句话往往会带来不同的结果。

3. 航空服务的特征和标准

航空服务的文化内涵包含有："乘务员的形象问题、文化素养问题，机上服务的标准问题，机上的餐饮问题、娱乐设施问题，客舱环境问题，以及乘务长的管理问题"等等乘客所关心的一切问题。

首先，良好的乘务员形象，就是航空企业的外表所在。从乘务员的制服到真诚的微笑无不受到旅客的关注。当然一名优秀的乘务员单有良好的外表是不够的，广博的见识、灵活的沟通能力才是我们为旅客服务的基础。

其次是服务标准的问题。在这个服务越来越重要的社会，每位旅客都是检查我们服务质量好与坏的考官。从语言的规范程度到服务姿势、态度，都要求我们做到最好。

第三，机上餐饮等问题。"民以食为天"餐饮服务也是旅客比较关心的一个问题。我们可以发挥地域优势，以地方菜为主，经常的更新机上菜品，尽量满足不同旅客的口味。同时我们还要经常的换一下播放的影片，书报杂志的品种也要再丰富一些，尤其是公务舱报纸杂志一定要配备几种国家级的读物。作为一名乘务员要尽量为旅客营造一个舒适、温馨的客舱环境。

第四，也是最重要的一点，就是客舱服务工作要有一个优秀的管理、决策者。乘务长是航班服务的直接组织者、协调者和服务质量好坏的责任人，提高乘务长的管理水平和工作能力，是决定服务文化的先决条件。

乘务长要多发现乘务员的长处，多鼓励乘务员，在掌握原则的情况下，允许乘务员有个性化服务。乘务员在航班中出现问题后，也应该掌握方法，私下提醒，必要的时候，可以针对个别乘务员，做具体的航后总结。总之，在机上服务的过程中，乘务长当众指出，并批评乘务员的缺点是不妥的。

第五，航空服务人员在与旅客进行交流与沟通时，与其他行业相比在态度、表情、姿势等方面具有以下较明显的职业特点。

（1）与旅客交谈时，态度应诚恳、亲切。要能够做到通过耐心的倾听、细致而全面的解答、和颜悦色的面部表情、清晰悦耳的声音，将尊重、热情、关怀等信息传达给旅客，让旅客感受到回家的温暖并从中获得美的享受。

（2）与旅客交谈时，表情要自然、大方，要注意与旅客在眼神上的交流。与旅客交流时，不要畏畏缩缩、躲躲闪闪，更不能表情冷漠、面带倦容。像打哈欠、搔头、掏耳、抠指甲、卷衣角、玩弄小物件等小动作，均属不礼貌的行为。

（3）与旅客交流时，姿势应大方、得体。站立服务时与客人交流应该按照站立服务的规范要求，不要东倒西歪，或将身体倚靠在墙边或柜台上，或将手抱在胸前、放在裤袋里。为旅客解释问题要清楚，并阐明个人观点；如需增强谈话的生动性，可适当地做些手势，但动作不宜过大，次数不宜太频繁，更不允许用手指指点点，在社交场合用手指指点点是不尊重客人的行为。

第三节　航空服务心理学概述

为航空旅客提供高品质服务是航空公司在激烈的市场竞争中的最佳途径。想留住航空旅客，就要用贴心周到的优质服务留住他们的心。

对于航空服务人员来讲，要想为航空旅客提供优质服务，除了必须成为专业上的强手，拥有最专业的服务素养外，还必须要懂得航空服务心理学的常识。做服务工作，特别是特定环境下的服务，一定要具备稳定的心理素质。

此外，日常生活中还有很多因素会影响我们的情绪，但是一名优秀的航空服务人员是不会将自己的任何情绪带上飞机的。在航空服务中要保证自己的情绪不受外界影响，能保持良好状态是做好一切工作的基础。

一、航空服务心理学的含义

航空服务心理学属于心理学中的一个分支学科，是心理学基本理论与方法在服务领域的应用与发展。

航空服务心理学是为了满足航空旅客的服务需要，为其提供优质、满意的服务而研究航空旅客及航空服务人员的心理活动及其变化规律的科学。

二、航空服务心理学的研究对象

航空服务心理学的研究对象包括航空旅客的消费心理和行为、航空服务人员的服务心理和行为。具体地讲，航空服务心理学既要研究航空旅客的服务需要、动机、情绪情感、社会文化等相关的心理活动特点和规律，航空相关服务人员如机场商场的售货人员、机场地勤服务人员、机场宾馆服务人员、空中服务人员等的态度、需要、动机、人际关系等心理活动特点和规律。其中，有关航空旅客的心理研究是航空服务心理学研究的主要内容。

三、航空服务心理学的研究内容

旅客心理：航空服务心理学主要研究航空旅客的社会知觉、航空旅客的服务需要与动机、航空旅客的个性及文化背景。航空服务的目的是要提高服务质量，提高航空旅客的满意度。航空旅客是航空服务的对象，航空旅客的心理特点、心理需求影响着航空公司的决策及服务导向。研究航空旅客心理有利于航空服务人员更好地对航空旅客提供高质量的服务。

出现于近代的民航运输一开始就围绕着如何更好地为航空旅客服务、满足航空旅客的需求而谋求自己的发展道路。现代科技和工业的发展，大型、豪华、高速的飞机，解除了航空旅客视航空旅途为畏途的心理。近年来，航空旅客持续不断地大幅度增加，航空旅客对航空公司也提出了更高的要求，希望航空公司能为自己提供满意的服务，比如，安全、舒适、热心、周道、尊重等等。航空旅客的这些心理活动、心理需求，就是航空心理学所要研究的问题之一。也就是说，航空心理学将研究航空旅客在整个乘机过程中各种需求的产生，不同服务阶段航空旅客需求的表现，航空旅客的气质、性格、态度，并揭示航空旅客的一些心理规律。

航空服务人员的心理素质：航空服务心理学主要研究航空服务人员的心理素质的特点与内容，以及提高心理素质的途径与方法。具体包括：情绪的调节和控制、态度的把握和端正、个性的完善与培养、挫折的应对、人际关系的协调与发展等方面。航空服务人员的心理素质对于给航空旅客提供安全、温馨、满意的服务有着至关重要的影响，同时还会在一定程度上影响航空旅客的心理健康。

航空服务工作是由航空旅客和航空服务人员两个方面组成。如果只分析航空旅客的心理而忽视服务人员的心理，势必会陷于片面。另外，航空服务人员的心理品质、意志品质、情感品质、能力品质都会在服务工作中表现出来，其一言一行、一举一动、一颦一笑都会对旅客的心理产生影响，并引起相应的反应。比如一个航空服务人员带着情绪上班，对航空旅客不理不睬、冷漠，这样的态度会伤害航空旅客，引起他们的不满，从而影响服务质量。所以，航空服务心理学不仅要研究航空旅客的心理，也必须研究服务人员的心理，只有这样，才能全面去看待和分析问题，并从中找出规律，提高航空服务质量。

航空服务人员的工作艺术：航空服务心理学还要研究航空服务人员与航空旅客的沟通技巧、客我交往技巧、语言技巧，航空服务人员要运用心理学的知识在服务过程中了解和掌握航空旅客的心理，完善和提高自己的服务技能和技巧，从而提高服务质量。

四、航空服务心理学的研究任务

当今社会"服务经济"的出现使市场的需求发生了革命性的变化——服务成为了竞

争的核心，人们对消费从注重产品的质量转化为注重产品的服务。全球航空市场的竞争实际已发展成为价格、服务等多元化的竞争。近年来，中国的民航业得到了迅速发展，但是民航业的迅速发展也使航空服务业面临着前所未有的挑战：即如何使服务再上一层楼，体现国际标准和中国特色。而要提高服务质量就必须研究民航服务过程中旅客和服务人员的一般心理，从中找出规律性，为各航空公司的旅客服务工作提供一定的理论依据，提高航空公司的竞争力。

航空服务心理学研究的首要任务是为航空公司的发展增加经济效益，满足航空旅客的需要，达到让航空旅客满意。这是社会的需求，是航空公司的需求，也是航空服务人员自身发展的需求。

（一）航空服务心理学要揭示民航旅客的心理规律

心理学常识告诉我们，心理需求、动机是产生行为的内在动因，这是人类的一般心理规律。航空服务心理学要研究的是航空旅客乘机过程的行为背后的心理需求、动机和心理活动。如航空旅客乘机的原因，旅行过程中的需求及提出这些需求的原因，当需求得不到满足时旅客的心理活动、行动表现等等。航空服务心理学就是要揭示出这些规律，并用它来指导航空服务工作，提高服务质量。同时，不同的航空旅客有不同的气质、性格，研究航空旅客的这些差异，可以根据不同的性格、不同的气质进行个性化的服务，可以使服务工作做得更加完善。

（二）航空服务心理学要揭示航空服务人员的心理规律

旅客是服务工作的接受者，处于被动地位，而服务人员是服务工作的施予者，处于主动的地位。服务人员自身素质、心理品质的好坏，与服务质量的好坏息息相关。也就是说，在一定的意义上，服务质量的好坏，很大程度上取决于服务人员的素质和心理品质的好坏。所以，研究航空服务人员心理的目的，就是要揭示他们在服务工作中应该具备哪些优良的心理品质，如何培养自己良好的心理品质及怎样纠正自己不良的心理品质等等。让航空服务人员意识到，良好的心理品质既是做好航空服务工作的前提条件，也是一个合格航空服务人员的必备条件之一。

（三）航空服务心理学要揭示航空服务过程中服务人员与航空旅客之间服务关系的心理规律

航空服务工作是由一个个服务环节组成的动态的服务过程。在这个过程中，航空旅客与服务人员在心理上的接触，情感上的相互影响，有时会直接影响服务过程的顺利进行，影响服务质量。所以，航空服务心理学，在研究航空旅客与服务人员心理的基础上，还要对服务过程中双方心理上、情绪上的互相影响进行研究，并揭示其变化、发展的规律。此外，航空服务的环节多，包括售票、值机、候机、机场餐厅、商场、机上服务，甚至机场宾馆等，形成一个动态的过程。在每一个环节、每一个阶段，航空旅客都有不同的需求，航空服务人员也有不同的服务项目和要求。因而，航空服务心理学还要揭示服务过程中每一个阶段的特殊性及服务人员应该怎样根据这一特殊性采取不同的服务。此外，航空服务心理学还要研究分析服务过程中每一个环节的联系问题，包括服务工作的联系和旅客心理上的多方面的延续或演变等，并从中揭示旅客与服务人员在交往中的情绪、心理的变化规律，并用这些规律来指导航空服务工作，使航空服务工作保持其一致性、整体性。

读一读

航空服务人员的角色演绎

作为航空服务人员，要摆正自己和航空旅客的位置，提供优质的服务。要明确服务的对象是谁，过去我们都把旅客视为"上帝"，但"上帝"离我们太遥远了，敬的成分多，惧的成分也多；爱的成分、亲的成分、情的成分不见得多，所以这个比喻可能不是很恰当。我们不能对旅客敬而远之，而应该把旅客看成亲人、看成知己的朋友、看成衣食父母，甚至看成是需要倍加呵护和疼爱的幼子或爱人。旅客的身份各有不同，有长者，有晚辈，也有和你同龄的年轻人，从职业上来讲更是千差万别。

作为航空服务人员，怎样调整好自己的情绪，扮演好不同的角色，这又是需要大家共同商讨的课题。如乘务员在航班中扮演什么角色的问题，答案就有十几种，有的回答：乘务员是服务员，是协调员，是医生、护士，是向导。还有的回答是阿姨、是保姆、是搬运工，甚至是出气筒。这些角色并不过分，我们扮演的角色就是航空旅客需要的角色，并且要扮到最好，让旅客满意。比如，飞机上航空旅客之间发生不愉快，你就是位协调员、劝解员，协调、安抚、帮助他们，让他们彼此之间露出笑容，你就演好了这个角色。飞机上有病人、老人、幼儿，你就是医生、就是阿姨。飞机上的大件行李，需要你安排、摆放，你就是搬运工。航空旅客由于自己家中的原因、地面的原因或其他各种外界因素，引起不快、伤心或愤怒，无处发泄，又急需找个出口释放，没关系，我们来当这个"出气筒"，多忍耐，多理解，多宽容，首先要当好听众，带着微笑倾听，然后，再扮演劝解员、向导、心理医生的角色。总之，扮演好飞机上航空旅客需要的各种角色，我们离成功的距离就会越来越近，这是我们成功的又一个秘诀。无论是追求全面的品质服务，还是追求最佳的角色演绎，最终的目标就是追求航空旅客满意度的最大化，最大限度地满足广大航空旅客的利益。

思考与练习

1. 什么是心理学？
2. 什么是航空服务？航空服务的特征有哪些？
3. 什么是航空服务心理学？它研究的任务是什么？

第二章　航空服务人员能力品质的培养

教学目的　1. 了解航空服务人员应该具备的主要能力品质。

2. 懂得航空服务人员的主要能力品质在航空服务中的重要性。

3. 航空服务人员主要能力品质的培养途径。

案例导入

2008年1月25日这一天，小刘与往常一样带着一名新学员执行CZ6887航班，飞机在长沙落地后，机组通知由于跑道结冰，停场时间将会有近两个小时。

由于机翼结冰需要除冰，旅客在飞机上等待。"骗子，明明不能飞为什么骗我们登机？""你们工作人员到底是干嘛吃的，除个冰要4个小时，连个人影都没有"、"我要喝水"、"我还有急事呢，你们到底飞不飞？"……一连串的质问和谩骂立刻在小小的客舱弥漫了起来。乘务组丝毫不敢怠慢，立刻请示乘务长，开始在地面为旅客供水供餐，同时所有乘务员都在客舱不厌其烦地回答旅客问讯。4个小时过去了，乘务长多次与机场联系，结果依然是等待，看着焦急、愤怒的旅客，乘务员耐心解释，小心服务……

"咱们要在飞机上过夜了"。听见这个消息，刚被安抚好的旅客，就像突然被引爆一样炸开了"锅"。"你们公司是不是没钱让我们住旅馆呀？""我又饿了，我要吃米饭"，"我下午有重要会议，谁来赔偿我的损失？""我要到民航总局告你们去"……一连串的抱怨和不满，就像外面刺骨的寒风不断向乘务组袭来。尽管大家都不愿意相信，但现实就是如此残酷。

由于当日长沙机场的冰雪天气，所有飞机均无法正常起飞，汽车无法安全行驶，滞留的旅客也无法送往各个宾馆休息，候机室已人满为患，这种情况百年不遇。为此，乘务组的首要任务就是将愤怒到极致的旅客的心情尽快抚平，大家清楚这种情况下，唯一能让旅客平静的方法只有一个，那就是让旅客了解真实的情况，让旅客明白当前所面临的种种困难，赢得旅客的谅解。乘务员又开始穿梭在抱怨的旅客中间，耐心地说明情况，并为旅客提供热饭、热茶及饮料。所有程序结束后，乘务员们没有一个人休息，因为大家知道，只有沟通才能拉近人与人的距离。"我的手机没电了，真耽误事，烦死了。"小刘立刻拿出自己的手机："虽然我的快没电了，但至少能用，你先给家里报个平安吧"。飞机上有的男旅客拿出烟和打火机说："反正你们也不让我下机，我就在飞机上抽！"小刘悄悄把旅客带到后服务间耐心地说："我知道，快过年了，谁都想快点回家，但是安全最重要，飞机上空间狭小，万一引起火灾，咱们大家都不能与家人团圆了，您说是吗？"旅客没说什么，低头回到了客舱。下半夜了，部分旅客已经睡去，乘务员轻轻为他们盖上毛毯，又为没睡的旅客打开阅读灯，不间断地提供茶水、饮料。旅客似乎也累了，逐渐安静了下来，开始和乘务员聊天。"你们也蛮辛苦的，赶快休息会吧！""这是我刚才在候机室买的八宝粥，你们也吃一点吧。"在了解到长沙机场面临的前所未有的困难时，再看看"老天"不停地"撒"着雪花，他们不再"为难"乘务员了，也不再提任何"要求"了。

乘务员们的付出也得到旅客的理解和高度赞扬。直到次日下午15：00，旅客终于得以下机到宾馆休息，等待天气好转。至此，乘务组已连续工作 31 小时。4 天后，在重新踏上飞机的那一刻，旅客和乘务员们就像见到多年未见的老朋友一样互相问候、寒暄，大家之间没有了距离，心与心的交流在这一刻让每一个人感动。

1 个小时的航程很快结束，旅客们下机时一步三回头，一个劲地道别："别忘和我联系，美丽的空姐，我会永远记住你们的，祝好人一路平安。"

能力是影响人的心理活动形成和发展的重要的内部因素，它是人们顺利完成某种活动的主观条件，并在主观条件中占重要地位，人的能力是与某种活动相联系的，并直接影响人的活动效率。服务人员应具备良好的观察能力，良好的注意能力，良好的表达能力，良好的劝说能力，良好的倾听能力等。

上述案例考验了航空服务人员的综合服务能力。航空服务人员的观察能力、注意能力、表达能力、劝说能力、倾听能力、思维能力等得到了检验，如果我们的航空服务人员在这些方面没有良好的能力品质，不仅不能给旅客提供让他们满意的服务，还会激化旅客与航空公司的矛盾，并且在社会上会产生不良影响，航空公司的形象也会严重受损。

心理学认为，人们的心理活动是主体与客体相互作用的结果。它不仅依赖于客体的作用，而且依赖于主体的条件。能力是影响人的心理活动形成和发展的重要的内部因素。普通心理学认为，能力是指直接影响人们顺利有效地完成活动的个性心理特征。一个人要顺利完成某项活动，离不开客观和主观两个条件，而能力是必不可少的主观条件。航空服务工作人员相关工作能力的强弱，对于能否顺利完成工作及完成工作质量的高低起着关键的作用。

第一节 观察能力的培养

要做好一名航空服务人员是非常不容易的。如果只是按服务程序，机械地去完成工作，而不是用心、用脑、用热情去服务，这只能说是你完成了这项工作，至于完成的质量，那就不言而喻了。所以服务的内涵就是要用心，并倾注真诚的感情才能高质量地完成工作。用心首先就是要学会观察，观察旅客，了解其所思所想；观察别人如何服务，充实和丰富自己的服务技巧。一名优秀的航空服务人员，善于观察到别人不易观察到的地方，从而能把服务工作做在航空旅客开口之前。从业于一个服务性行业，会观察的人才更懂得服务，更能提供优质高效的服务。

一、什么是航空服务人员的观察能力

（一）航空服务人员的观察能力

察颜观色是了解对方心理状态的基本方法。观察是指一种有目的、有计划的知觉。观察是人们对客观事物、现象感知过程中的一种最直接的方法。航空服务人员的观察能力主要是指服务人员通过观察航空旅客外部表现去了解其心理的一种能力。敏锐而深刻的观察能力是一个优秀的航空服务人员不可或缺的重要的能力品质。在航空服务的主要工作范围内，航空服务人员只有了解航空旅客的心理特征和行为特点，明其所思、知其所想，才能提供令旅客满意的各种服务，从而做好航空服务工作。

读一读

"爷爷"

飞机上，一位年过古稀的台湾同胞，久久地盯着一位空服人员看，看得这位空服人员有点不好意思。当他正在纳闷时，这位老人掏出一张照片递给他看，并告诉他："这是我的孙子，和你长得多像！"他细看了照片，真是十分相像。当他将照片送还时，老人颤抖的双手紧紧握住他的手，激动不已。眼里噙着泪花说："我十多年没见他了，真想他呀！"空服人员一边拿纸巾为老人擦泪，一边亲切地说："爷爷，你一定能见到他。""你叫我什么？""爷爷"，空服人员提高嗓门又亲切地喊了一声。老爷爷拍着这位空服人员的后背，连连说："多懂事的孩子！"……

对台胞老人的称呼，通常称"老先生""您老""老人家"，但这次空服人员从台胞老人看自己的眼神和拿出孙子的照片及言语中，他敏锐地观察到老人思念孙子的强烈情感，于是来了灵感，像老人孙子一样，喊了声"爷爷"，让老人的心理得到了极大的慰藉和满足，缩短了旅客与航空服务人员之间的距离。后来，在飞机上台胞老人一直情绪亢奋，心情舒畅。

（二）航空服务人员的观察能力的学习

观察要有明确的目的　航空服务人员可以选一些与自己工作有密切关系而又急需解决的问题进行观察研究。比如，机场餐厅服务员可将观察不同类型的航空旅客对菜肴的不同要求作为目的；机舱服务人员可将观察不同年龄的航空旅客所需要提供的不同服务作为目的等。

必须根据目的订出可行的观察计划，做到心中有数，减少观察的盲目性　订计划时，要有充分的知识准备才能使所定的计划顺利进行。比如，机场餐厅服务员在制订以观察不同的旅客对菜肴的不同需要为目的的计划时，事先要懂得有关菜肴的基本知识；机舱服务人员在制订以观察不同年龄的航空旅客所需要提供的不同服务为目的的计划时，事先要懂得一些不同年龄的人群的一些共有的心理特点。

在观察中应该细心体察，并整理观察的结果　航空旅客的心理活动是十分复杂的，如果不细心观察就容易造成不准确、不全面的后果。每一次观察结束后，要进行总结、整理和归纳出一些有规律的东西，从中找到航空旅客心理活动的特点，以利于提高今后服务工作的质量。

二、如何观察旅客，提高航空服务质量

（一）从旅客的外部特征开始观察

旅客的外部特征，主要是指他们在相貌、体型、肤色、发型、服饰等外观上的差

异。既指总体形象，也指局部特征。

1. 通过表情判断　相貌是静态的，表情是动态的。人的面部表情的变化，不仅能反映一个人在某一特定时间或场合下的情感状态，而且在一定程度上还可以反映一个人的性格特征。表情是一个人情绪情感的外部表现，一个人若长期受某种情绪影响，形成所谓的"固态表情"后，就会成为相貌的一部分，并成为其性格特征。比如，长期郁郁寡欢的人，其眉心和嘴角就会形成较多的皱纹；而一贯乐观开朗的人，其面部肌肉也会显得平滑松弛。相貌不等同于表情，但表情可以通过相貌来表现。"30 岁以前，相貌是父母给的；30 岁以后，相貌由自己负责。"说的也主要是这个意思。观察旅客的相貌，主要就是观察相貌所表现的表情。通过观察，可以大体了解其性格特征或情感状态，使我们的服务更具有针对性。

表情包括面部表情、声调表情和体态表情等。

面部表情　人的面部表情是最为丰富的，有人统计出人脸所能做出的动作表情多达 25 万种之多。据有关专家研究认为，人们从对方面部表情中获得的信息量可达 50% 以上。人们的面部表情总是与目光结合在一起的，并且是相一致的，都和内在的心理状态相对应。比如，讲话者若两眼注视对方，表示他说话的内容为自己所强调或希望听者更能理解；目光躲闪或有意避开目光接触，说明某人缺乏足够的信心有自卑感或羞怯害怕，也可能内心有不高兴或痛苦的事情。目光黯淡，双眉紧锁，显示出某人带着明显的苦恼焦虑或压抑情绪。视线频频乱转，给人的印象是心不在焉或心虚；视线向下，则表示害羞、胆怯、伤感或悔恨；视线向上，是沉思、高傲的反映。在交谈时，目光自下而上注视对方，一般有"询问"的意味，表示"我愿意听你讲下一句"；目光自上而下注视对方，一般表示"我在注意听你讲话"；头部微微倾斜，目光注视对方，一般表示"哦，原来是这样"；眼睛光彩熠熠，一般表示充满兴趣；每隔几秒偷看一下手表，表示催促、不耐烦的意思，是希望对方结束谈话的暗示。

小贴士

目光与心理状态

看：一般是指没有感情色彩的。	觑：意味着无奈。
扫、睽：代表不在意或看不起。	瞪：表示惊奇。
盯：表示痛恨。	瞪：代表生气。
瞄、眺、窥：意味着害怕或难为情。	炯：说明身心健康、朝气蓬勃、积极进取。
盼、顾、望：代表期待的心情。	呆：代表情绪抑郁、无望无助。

在特定的情况下，人们的眼神与表情也会出现分离。在这种情况下，透露人们内心真实状态的有效线索是眼神，而不是表情，因为表情是可以伪装的。"眼睛是心灵的窗户"，人的眼睛是其内心情感状态的良好指示器。

此外，我们的鼻子、眉毛、嘴巴甚至耳朵都能够流露出某种心境。嘴是整个面部又一表情丰富之处，许多表情与面部整体的肌肉活动有关，但嘴还有些特殊性，有时微笑，嘴角肌肉的微小活动可以反映出一个人的心理活动的内容，如轻视、思索、自信、下决心等。还有，如皱鼻，表示厌恶，哼鼻子表示排斥；抬眉，表示惊讶等等。我们可以通过对他人面部表情的观察与分析，从而判断其情绪、态度、自信心、反应力、思维的敏捷性、性格特征、人际交往能力、诚实性等素质特征。

声调表情　美国传播学家艾伯特·莫拉宾曾提出一个公式：人际间的信息全部表达是由7%的语言（单纯指话）和38%的副语言（包括音质、语调、语速和助叹词，如"吗""吧""呢"等）以及55%的体态语言组成。通过观察旅客的声调表情，我们也可以了解旅客的心理活动和状态，为我们的服务提供参考。

小故事

意大利一位著名悲剧演员罗西，一次应邀参加一个宴会，这个宴会是由国外同行举办的。席间，久闻罗西大名的许多客人要求他表演一段节目，推辞不过，罗西就用意大利语念了一段台词。虽然客人们都听不懂他在说什么，但他那悲切的表情和凄凉的声调却使大家潸然泪下，只有翻译忍俊不禁，笑出声来。原来，罗西只不过是声情并茂地念菜单上的菜名。

体态表情　体态语言占到了信息传递的55%，所以体态语言常常会反映出一个人内心真实的态度。比如，见人恭敬有礼，非常客套并躲开别人的视线，说明此人谨慎小心，自我防卫心理较重；坐姿随便，跷着二郎腿，两只胳膊占据很大位置，说明此人性格开朗；坐下时双腿紧闭，只坐半个椅子，手规规矩矩地放在膝上，可见此人性格内向、拘谨；斜着身子，抱着胳膊，表示拒绝和排斥的态度。手势也会流露人的内心思想活动以及素养与态度。20多年前，美国尼克松涉嫌"水门事件"的政治丑闻中。在接受记者的电视咨询时，尼克松用手抚弄脸颊、下巴、鼻子等动作，反映出他内心的紧张和不安情绪，使人们由此判断总统可能涉足此事。后来的调查证实了这一点，尼克松也因此被迫辞职下台。

人们的每种情绪情感都会在自己面部、语调或姿势方面有所表现。所以通过观察旅客的体态表情，我们可以更好地了解其内心想法和需求，从而提供让旅客满意的服务。

2.　通过肤色判断　肤色可提供旅客的国籍、民族及职业等方面的信息。比如，室内的脑力劳动者一般较体力劳动者及野外作业的人要白一些；西欧等地的白种人居多，而非洲等地黑种人居多，亚洲人则多为黄种人。但只凭肤色是不行的，要较为准确地对旅客作出判断，还需要从其体貌、服饰、语言等方面进行细心观察和了解，以便使用恰当的礼节和语言来进行服务。

小故事

他长着中国人的面孔

一天，某民航宾馆来了一位先生入住某房间。服务员小张赶忙端上热茶，用标准的普通话说："您好！先生，欢迎光临，这是欢迎茶，请慢用！"她把茶放在茶几上，正准备退出房间时，一直茫然看着她一言不发的先生终于说话了，他用英语说他不是中国人，是日本人。

这时，小张心想明明是一张中国人的面孔，想不到竟是日本人，自己认错了人，于是感到十分尴尬，非常不好意思，立即用英语向客人道了歉，又解释了自己刚才送的是欢迎茶。等客人听明白后，小张才愧疚地道了别，退出了房间。

3. 通过发型服饰观察　如果说一个人的相貌、体型、肤色无法自由选择的话，那发型和服饰是可以根据自己的职业、年龄、季节、兴趣爱好自由选择。发型、服饰不仅反映着一个人的年龄、职业、地位，也反映一个人的社会角色、性格以及情绪倾向。发型和服饰在交往过程中也是一种无声的语言，透露着一个人的相关信息。它们代表着一个人的个性、喜好，据此可以判断其为人。一般来讲，喜欢流行发型的人，性格活泼开朗，适应能力强；蓬松的、爆炸式的发型，意在突出自己，吸引他人的注意。追逐时尚的人总是穿着流行服装，注意自身修养的人会根据自己的实际选择自己的衣服。有强烈吸引他人注意欲望的人会一味浓妆艳抹；而性格稳重、知识修养较好的人往往是淡妆。性格外向的人喜欢明亮的颜色与流行时髦的样式；性格内向的人喜欢深沉的颜色与四季通行的样式，不过分追求装饰自己。

小知识

查证照与本人时的五官特征比对

第一，看眼眉有何特征，是哪种类型，眼眶的形状大小，眉毛的形状是粗还是细，颜色是浓还是淡，走向是上翘还是下垂。

第二，看嘴的类型，因目光接触后就要开口说话，目光自然落到嘴上。嘴是大还是小，嘴唇是薄还是厚，牙是外露还是内收。

第三，注意观察鼻子，特别要注意其特征，是高是平还是勾。

第四，注意耳朵的形状。

第五，要注意脸上的明显特征，如黑痣、伤疤等。

（二）通过言语、动作观察

"言为心声"。言语是了解一个人内心世界和性格特征的重要途径。比如，文化修养较高的，说话比较准确、文雅；支配欲强的人，爱抢话头等。作为航空服务人员，要善于根据航空旅客说话的情境、言语的表达方式、音量、音速、措辞等，听懂对方没有说出来的言语，认知说话的航空旅客的心理。

身体动作还包括走姿、头姿、站姿、坐姿等身体的各种姿势。它们更能直观地反映人的内心世界。比如，握手已成为航空服务业不可缺少的礼节，通过握手的方式和力感，可以反映航空旅客的心理特点、性格特征。握手力度很大的人比较外向和自信；一边握手一边注视你的，是一个不易妥协的人等等。

相关链接

心理学家的警告

离脸部越远的动作越真实。　　　　　　越不明显的动作越真实。

越不自觉的动作越真实。　　　　　　　越不自然的动作越真实。

（三）通过行李、用具、生活习惯观察

观察旅客的行李用具　通过对航空旅客行李用具的观察，判断航空旅客的身份、职业，以提供恰当的服务。

观察旅客的生活习惯　每个人都有因长期生活或民族、信仰而形成的风俗习惯和生活特点。航空服务人员要能较为准确地判断航空旅客的生活习惯，就可以避免因搞错生活习俗而服错务的难堪了，服务质量也会更上一层楼。

小贴士

如何提高观察能力

◇必须要有明确的目的、任务。　　　　◇在观察中，要细心体察。

◇要有一定的知识、经验。　　　　　　◇整理和总结观察结果。

第二节　注意能力的培养

在航空服务中，积极地、正确地发挥注意的心理功能，对及时、优质地为航空旅客提供服务具有重要意义。

一、了解注意

（一）注意的含义

注意是心理活动对一定对象的指向与集中。我们通常所说的"专心致志""聚精会神"主要就是指"注意"。注意是心理活动的重要特性，但不是独立的心理过程。我们通常所说的"注意黑板""注意这段音乐"，意思是"注意（看）黑板"和"注意（听）这段音乐"的意思。航空服务人员的注意能力，是指服务人员在工作中，把心理活动定向集中在航空旅客身上的能力。

（二）注意的特点

注意有两个基本相互联系不可分割的特点，即指向性和集中性。

注意的指向性就是指人的心理活动在某一时刻指向一部分对象，而离开其他对象，表现出心理活动的选择性。例如，在看小说时，你的心理活动就指向了小说中的故事情节，对周围发生的一切往往熟视无睹。当我们为航空旅客提供服务时，全部心理活动都指向正在接受服务的旅客，而其他的旅客就变得模糊起来。指向性不同，人们从周围环境中获得的信息就不同。

注意的集中性是指人的心理活动不仅指向某种事物，而且保持在这一对象上，并深入下去。集中性使个体的心理活动不仅离开无关事物，而且对无关的活动进行抑制。比如上课时，听课、看课本、记笔记集中于学习对象上，而对周围人的说话声音充耳不闻。航空服务人员在对航空旅客的服务时，只有注意观察，我们才能对旅客提供全面、贴心的服务。

读一读

不客气，这是应该的

一次，我执行航班从海口飞往广州，一位旅客按呼唤铃，要求我给他找一份《海南日报》。可《海南日报》已经全发完了，于是我为他拿来了一份《广州日报》，带着抱歉的语气向他做了解释，谁知他很生气地接过报纸，翻了两下就放到坐椅前的口袋里了。看着他一脸不悦的神情，我心里非常难受。

飞机起飞了，我一直注视着刚才那位旅客。我发现他好像很不舒服，一会儿伸手转转上面的通风口，一会儿又转转旁边座位上方的通风口，最后抱着膀子坐在座位上。一定是他感到空调太凉了，于是我赶紧走到他面前，亲切地问："先生，您是不是感觉空调有点凉啊？我给您拿条毛毯吧！"他看到我，愣了一下，点点头。我立即取来毛毯递给他，他轻声地说："谢谢！"我心里舒坦了好多，虽然他怒气消了一点，但我的目光仍然始终不自觉地落在他身上。送饮料时，看他喝得很急，我断定他一定很渴，于是我又主动倒了一杯给他送上去："先生，您一定很口渴吧，我又给您倒了一杯，您慢用，如果不够的话请随时按呼唤铃呼叫我，我再给您倒。"我边送水边说道。他有点惊讶地看着我，接过那杯水，并说："谢谢，谢谢，我的确很渴！"我连忙说："不客气，这是应该的。"那位旅客简单的"谢谢"两个字温暖了我整个人。当我得知他想喝杯黑咖啡时，我又立即为他冲调好一杯香浓的黑咖啡。他诚恳地对我说："对不起，一开始我向你要报纸的态度不好，请不要在意。我以为你们只会偷懒，还找许多借口来糊弄旅客，但是我现在断定，你不是。小姑娘，希望你能继续这样坚持工作下去，继续用你的诚心、细心、热心和亲切的态度为其他旅客服务，好吗？"

由于注意可以使我们清晰地反映事物，提高认识活动的效果，因而它是顺利完成各种活动的重要条件。

（三）注意的功能

注意是心理活动的重要特性，是心理活动顺利进行的重要条件。具体来说，注意有三种功能。

1. 选择功能　人脑的信息加工能力是有限的，在同一瞬间，只能加工部分信息。

注意的选择功能使大脑选择那些重要的信息进行加工，同时排除其他信息的干扰作用。

维持功能　所谓维持，就是将心理活动维持在一定的对象上，并保持一定的强度。这是人脑进行信息加工的必要条件。

调节功能　当人脑的信息加工从一个对象转移到另一个对象时，注意可使这种转移能够顺利完成，这就是注意的调节功能。

（四）注意的种类

根据注意的目的性和维持注意是否需要意志努力，可以将注意分为无意注意、有意注意和有意后注意。

无意注意　无意注意是事先没有预定的目的，也不需要付出意志努力的注意，又称不随意注意。例如，在安静的教室里，突然一位同学的铅笔盒掉在地上，大家都会不由自主地向他望去。刺激物的特点和个体的主观状态是无意注意产生的基本条件。

小贴士

引起人的无意注意的刺激物一般具有的特点

◇刺激的强度（包括绝对强度和相对强度）。刺激的强度越大，越易引起无意注意。

◇刺激之间的差异程度。差异越显著，越易引起无意注意。

◇刺激的变化。活动的刺激比静止的刺激更易引起无意注意。

◇刺激物的新异性。新异的刺激比熟知的刺激更易引起无意注意。

个体的主观状态中的许多因素影响着无意注意的产生。其中，个体的需要和兴趣是最主要的。能满足个体的需要，符合个体的兴趣的事物就很容易成为注意的对象。此外，良好的心境、饱满的精神状态也可促进无意注意的产生。

有意注意　有意注意是事先有预定的目的，需要付出意志努力的注意，又称随意注意。例如，同学们按老师的要求观察两种相似植物的特点时所表现出的注意，就是有意注意。有意注意的引起和维持是一系列心理因素共同作用的结果。

小贴士

引起和维持有意注意的心理因素

◇对活动任务的认识。活动任务越明确，对活动意义的理解越深刻，就越能引起和维持有意注意。

◇对活动的间接兴趣。间接兴趣是个体对活动结果的兴趣。间接兴趣越浓厚，就越能集中注意。

◇个体的意志努力。个体克服各种不良刺激的干扰，抵御各种诱惑，需要付出艰苦的意志努力。

◇对活动的精心组织。很好地组织各种活动可以防止因单调而产生疲劳、分心。

有意后注意　有意后注意是事先有预定的目的，但不需要付出意志努力的注意。

小贴士

有意后注意形成的两个条件

一是对活动浓厚的兴趣。例如，你在对心理学没有兴趣时，学习心理学需要付出艰苦的意志努力，这时的注意是有意注意。当你对心理学产生了兴趣时，心理学的书籍、杂志很容易引起你的注意，你无须付出意志努力就能保持自己的注意，这时的注意就是有意后注意。

二是活动的自动化。例如，骑自行车活动中的注意就是一种有意后注意。平时我们在骑自行车时，很少付出意志努力，这是因为骑车已成了自动化的活动。

二、航空服务人员良好注意力的表现

（一）注意具有稳定性与持久性

注意的稳定性与持久性指在航空服务过程中服务人员的注意在一定事物上所能持续的时间与状态。旅客需要我们提供服务，而且每一个旅客所需要的服务又不尽相同，我们要避免工作中的差错，为旅客提供满足其要求的高品质的服务，就需要保持自己注意的稳定。要提高航空服务人员注意的稳定性与持久性，需要做到以下几点：

明确服务工作的意义　航空服务人员对自己的服务工作的意义理解得越透彻，完成任务的愿望越强烈，就越能将注意力稳定地集中在某项事物上。

提高对本职工作的兴趣　俗话说，兴趣是最好的老师。若一个航空服务人员对自己的服务工作兴趣越是浓厚，就越能鼓舞自己努力去完成任务，从而也能提高注意的稳定性。否则，就很难高度集中自己的注意力。

注意排除各种干扰　人的注意力常常会受到其他事物的干扰，会被分散注意力。所以，要长时间注意某一事物或保持注意状态时，需要与注意力的分散作顽强的斗争，排除各种干扰才能做到。请注意右图几分钟，可以看到，一会儿是方柱，一会儿又是圆柱，无论怎么力图稳定自己的注意力，也难以不在两种图形中转换。由此可见，注意就意味着要排除干扰。航空服务人员要有良好的注意能力，就更需要服务人员用意志去排除各种干扰，只有保持了工作中注意的稳定性，才能避免工作中的差错，提高服务质量。

（二）注意具有较大的范围性

注意的范围性是指在同一时间内服务人员所注意的对象的数量。航空服务人员注意的范围大小与做好服务工作有着密切的关系。比如，在机舱、候机室，众多的航空旅客要求航空服务人员扩大注意范围，做到眼观六路、耳听八方，对航空旅客的表情、手势、言语马上能作出反应，及时对他们提供热情的服务。如果航空服务人员注意范围小，就会出现旅客多次招呼，服务人员也看不见，从而让航空旅客产生服务意识和服务质量差的印象。注意范围的大小和个人的知识经验有关。一般来讲，对于越熟悉的东

西，注意的范围就越大。

（三）注意的分配性

注意的分配是指航空服务人员在一定时间内注意力分配到两种或者几种不同的动作上。比如，航空服务人员在为航空旅客送饮料时，同时在注意他们的动作和姿态，以避免把饮料洒到航空旅客身上等等。

（四）注意的灵活性

注意的灵活性是指服务人员能够灵活地分配注意力，根据需要及时将注意力迁移到新的对象上去。航空服务人员不是只满足航空旅客的一种需求，也不是只满足一个航空旅客的需求，这就要求航空服务人员的注意要具有灵活性，在解决航空旅客的需求和困难时，能迅速发现其他航空旅客的需求，以便及时为他们提供服务。

读一读

空乘人员的服务片断

飞机起飞5分钟之后，内场乘务员进行广播，外场乘务员就要开始发报纸、发果仁、发纸巾，对一个半小时以上的航班还要发餐前饮料，接着就要开始供应餐食，然后再送一遍饮料，再加一遍饮料，这时，差不多就可以收餐盘了。

干完这些活，有的航班还要发纪念品、发入境卡、海关申报单、健康申明卡等，有时还要帮旅客填写这些表格。

当这些服务都结束之后，就该拿着托盘巡视客舱了。看看旅客是不是还有别的需要，是不是还要饮料，是不是还有什么要收走的；帮睡觉的旅客关掉阅读灯和通风口，给他们盖上毛毯，递上枕头；看看刚刚醒来的旅客是不是需要进餐，看看客舱里是不是有什么垃圾，要随时注意清除。还要注意观察旅客有什么需要，且最好在他们向你提出之前就可以看出来，帮他们解决问题……飞机下降了，又该进行安全检查，提醒旅客系好安全带，调直椅背，收起小桌板，拉开遮阳板，看看行李架是否扣好，紧急出口和通道是否有行李的摆放等等。直到这个时候乘务员才可以坐在自己的座位上休息一会儿。

综上所述，良好的注意能力是航空服务人员应该具备的一种心理品质。如果航空服务人员没有良好的注意能力，往往会影响工作效率与服务质量，有时可能还会带来极大的经济损失甚至安全事故。

相关链接

新疆飞北京航班险遇空难　飞机备降兰州后安全抵京

2008年3月7日，中国南方航空公司CZ6901航班从乌鲁木齐地窝堡国际机场起飞，准备前往北京。在飞行途中一空姐先闻到了淡淡的汽油味，按照气味的方向寻找，发现气味来自卫生间，而且卫生间的门长期没有开。警惕的南航乘务员马上通知安全员，安全员马上冲进卫生间，很快发现一位十八九岁的女子为气味源，她带着一个装着可疑液体的罐子。安全员马上将对方控制，在她的包里又搜出一个罐子。在向机长报告之后，机长果断决定备降兰州。飞机急降兰州后，航班上的空乘人员及乘客全部安然无恙。最后经排险后飞机再度起飞并安全抵京。

据《环球时报》报道，事后查明，这名女子是从乌鲁木齐地窝堡机场的商务贵宾安检通道进入候机厅并登机的。她当时随身携带了一瓶矿泉水和两罐易拉罐饮料。接受安检时，女子打开矿泉水喝了两口，安检员见她是年轻姑娘，放松警惕没有让她打开易拉罐。实际上，易拉罐里装的是汽油。为了掩盖汽油味，里面还掺了香水。另外，该次航班上还有一名中年男人负责监视该女子的举动，此人随后也被控

制起来。此次事件后来被认定为一起国际恐怖组织有预谋、有组织、有政治目的的未遂恐怖事件。

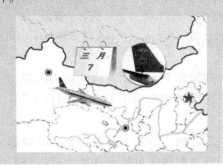

想一想

1. 空姐为什么能够发现恐怖分子企图制造空难事件的险情？

2. 机场安检人员为什么会漏检危险物品？

第三节　表达能力的培养

航空服务人员在给航空旅客提供服务中，仅有真心和诚意是不够的，还需要用亲切而温暖的语言和表情把自己的真心和诚意表达出来，让航空旅客感受到温馨和体贴，让我们的服务更能体现人性和对旅客的尊重。航空服务人员表达能力的强弱直接关系到航空服务的成败，关系到服务质量的高低。

一、航空服务人员的表达能力

表达能力是指一个人在与别人交往时运用语言、表情传递有关信息的能力。航空服务人员的表达能力是指航空服务人员在与航空旅客进行交往时运用语言、表情传递有关信息的能力。

读一读

一位空乘服务人员的日记片断

前不久，收到了一位旅客的来信。诸多感谢的话语已不太记得，但有一句话令我印象深刻："她就像在对一个朋友说话……一下子拉近了我们的距离。"其实那天航班上我与他并没有过多的交谈。由于是中午的航班，B737客

舱内空调系统又不太好，使得原本拥挤的航班显得更加闷热，这些也使他的心情变得非常烦躁和不安。当他怒发冲冠地向我发泄他的不满时，我没有说太多，只是认真地倾听了他的抱怨，用关切的眼神看着他，以一种朋友的心态去理解他。

我用脸上的表情告诉他："朋友，我明白，我知道您很难受，我将竭尽所能去帮助你。"最后我对他的说法表示了认同与理解，然后以一种聊天式的轻松口吻向他说明了原因，并为他及时送上一杯冰凉的饮料，帮他打开头顶上方的通风口，这些简单的动作和语言却深深地打动了他，也让我们成了朋友。"朋友"——多好的字眼！我深深地感谢那位李姓旅客，他读懂了我的服务。把旅客当作朋友——这正是我工作的准绳及追寻的方向。

　　航空服务人员朋友式的口吻和关切的眼神、体贴的动作，将对航空旅客理解和关心的信息准确地传递给了对方，打动了航空旅客，服务工作也得到了旅客的肯定。

二、航空服务人员表达能力的培养

　　航空服务人员的表达能力可以分为两大类：航空服务人员的表情和航空服务人员的语言。

　　航空服务人员的表情　航空服务人员的表情包括服务人员与航空旅客交往时的表情，如态度、手势、目光等。航空服务人员对航空旅客的态度应该真诚、热情、谦和，既不能卑下，也不能态度傲慢、忽冷忽热。

　　航空服务人员在与航空旅客交谈时，表情要自然，不能心不在焉、左顾右盼，也不能有打哈欠、玩指甲、搔痒、挖耳、压指节等不雅观的行为。在与航空旅客交谈时，为增强表达效果可加入适当的手势，但动作一定要适度，不能过大，甚至手舞足蹈或用手指人。在与航空旅客交谈时，航空服务人员还要注意自己的目光。眼睛的功能不仅是"看"，还能体现一个人的修养、道德和情操。航空服务人员的眼神和目光要柔和、亲切友好，目光距离应该在离航空旅客 1 ~ 2.5 米之间，高度应该与航空旅客的目光在同一水平线上，切不可用目光在航空旅客身上或脸上乱扫，目光也不能总盯着航空旅客眼睛。其最佳位置应该在航空旅客两肩外侧 10 厘米，头顶上方 5 厘米，胸部横线范围内活动，否则就显得很失礼。航空服务人员正确地使用自己的表情，以恰到好处地表达自己的情感。

小贴士

服务中禁用的五种态度

◇傲慢的态度。这会伤害旅客的自尊心。

◇慌乱的态度。这会让旅客产生对你的不信任感。

◇卑屈的态度。容易造成旅客对你工作能力的低估。

◇冷淡的态度。会使旅客感到你没有亲切感。

◇随便的态度。会让旅客因你的随意态度而对你也不尊重。

　　航空服务人员的语言　语言是航空服务人员与航空旅客交流的主要方式。西方的一位语言大师曾说："世界如果没有温暖的语言，地球必将满是创口；人类如果没有温暖的语言，心灵也必将满是创伤"。俗话说："良言一句三冬暖，恶语相向六月寒"。在给航空旅客提供服务中，仅有真心和诚意是不够的，还需要温言暖语。温暖的语言围绕在我们身边时，便会收获彼此一脸的笑容与满身的温暖。而冰冷的语言，却会像一把尖刀，损伤尊严、打击心灵。大方得体的语言可以拉近人与人之间的距离，可以营造良好的交往气氛，可以增加彼此间的和谐。所以一名优秀的航空服务人员一定要注意自己的言行举止，要掌握处理问题时语言的艺术性。

　　在服务过程中自己要常常去用心揣摩一句话一件事，用哪一种方式去表达，才更能让航空旅客感受到温馨和体贴。比如，航空服务人员在回收航空旅客餐盘时可使用询问语言："请问用过的餐盒我可以收走吗？""我能为您收走不需要的餐盒吗？"可是，通过对比我们很明显的就能看出后一种询问方式所说的话，更能让航空旅客感到温馨、体贴，更人性化，体现出对航空旅客的尊重，这是服务内在价值最佳体现。

　　具体而言，航空服务人员对航空旅客的语言要做到：

　　使用规范的或普遍认可的语言形式　发音要准确，用词要恰到好处，尽量少用专业用语。

　　简明扼要地表达思想　与航空旅客交谈时词意要注意准确和具体，如果是抽象词语，最好要把它们与人或事等方面联系起来加以说明，否则就容易使旅客听不懂或感到莫明其妙。

　　通过定义、举例、比较等方式来表明自己的观点　这样可使自己的语言更加准确，增强自己观点的正确性和有力量性。

　　说话注意时间性　注意时间性，一是指航空服务人员与航空旅客谈话时要把握时间的长短。不要太长，以解答完航空旅客的问题后结束谈话较好，谈话时间太长可能会引起不必要的麻烦，但又不能过短，否则会让航空旅客认为你没有耐心，是在敷衍他。二是指航空服务人员在与航空旅客谈话时，词汇要富于时代感，以利于与航空旅客的沟通。

　　说话不能以点概面　航空服务人员与航空旅客说话时，要注意就事论事，语言表达上不能以点概面，把一个航空旅客的问题概括成航空旅客群体的问题，以避免引起不必要的误会。

　　说话要有条理性　航空服务人员在与旅客交流时表述要注意条理性，不可杂乱无章。比如，要注意前后联系，注意归类，但不可随意简略词语，否则会让旅客无法理解意思或者发生理解错误。最好在与旅客谈论问题时，按时间、地点、人物、事件、因果关系等依次排列，不可东拉西扯。

此外，航空服务人员在交谈时还要注意交谈的内容，一般不要涉及航空旅客个人的隐私、收入、履历、政治、宗教等。谈话时要注意交谈对象，避免触及特殊人群所敏感或反感的话题，如对女士不要谈胖瘦、年龄；对残疾人不要谈身材、运动健美等。在谈话中还要避免轻易打断别人的话，实在不得已要插话，也应该事先用商量、请求的语气征询对方的同意，如，"对不起，我可以打扰一下吗？"，从而不至于让航空旅客对你的工作态度、人品素质产生误解。

知识链接

如何练习提高表达能力

1. 表达前，对相关知识进行必要的归纳、加工，条理化地整理出来。

2. 如果你对内容还不是很熟练，表达之前，最好是先把它写下来。

3. 多应用"举手法则"。当有机会发言的时候，无论你是否已经准备好，请先举手再说。不要理会自己的发言有多么糟糕，不用理会糟糕的发言可能会有多么尴尬。记住，你是在执行一项自我修炼。行为科学认为：21 天养成习惯。我们得先习惯"开口"。此时面子问题可能是自己的最大障碍。

4. 开会时，尽可能坐在前排。这样你会有比较多的机会发言。

5. 学会讲故事是另一个简单实用的方法。

6. 如果你还想做得更出色，你可能要接受专业一点的训练。

7. 模仿是学习最快的方式之一。找几位你比较欣赏的专业演讲家、名人的录音、录像，反复模仿。不但要模仿声音，连语调、语气、语速、肢体语言、目光语言等等，直到完全拷贝。——此时不要有太多的杂念，想着要有自己的风格等等，因为你还在学习阶段，需要的是兼收并蓄，先做一个好学生，一个出色的演员。

第四节　劝说能力的培养

在航空服务人员的工作能力中，劝说能力也是一种不可或缺的能力。从某种意义上来讲，航空服务人员工作能力的强弱，主要表现在处理服务过程中矛盾的能力的好坏。而服务过程中的矛盾处理的好坏，又往往取决于航空服务人员的劝说能力。因此，航空服务人员的劝说能力是衡量其实际工作能力的标准之一。

一、航空服务人员的劝说能力

航空服务人员的劝说能力是指航空服务人员在服务过程中，通过服务人员的劝说使航空旅客的态度有所改变的能力。

航空服务业是与人打交道的行业，而且航空服务业比其他服务业制定的相关规定更多更细更严格，又常常会受到许多不可抗力的影响，变数很大，所以与航空旅客之间的矛盾冲突常有发生。这个时候，若是航空服务人员认为只需把相关规定或情况告知航空旅客就行了的想法和做法都是错误的。劝说不是告知，也不是单单会讲，而是要靠我们服务人员从改变航空旅客的原有认知因素开始，使旅客接受航空服务人员的劝说中传递的新的认知信息，从而改变态度。如果一个航空服务人员的劝说能力不强，不能改变航空旅客的认知因素，不仅无法改变旅客原来的态度，甚至还可能引起航空服务人员与旅客之间的争吵，从而影响航空服务质量，影响航空公司的形象和声誉。

一个人的态度，无论是积极的还是消极的，在一定条件下都是可以转化的。一名优秀的航空服务人员的工作艺术就在于通过自己的劝说，能使原来脾气暴躁的航空旅客变得心平气和，冷静而理智；使原来情绪与航空公司对立的旅客变得友好，对航空公司的不信任变得信任等等。从心理学上关于态度构成的三要素来看，主要有：认知因素的改变、情感因素的改变、行为倾向的改变。而其中，认知因素的改变是关键，只有认知因素发生改变，才会引起旅客情感上、行为上的改变。而旅客认知的改变可能很大程度上取决于我们服务人员的劝说。服务人员的劝说过程，实际上也就是服务人员通过各种方法作用于旅客，使旅客的态度有所转变的过程。

二、航空服务人员劝说的基本原则和技巧

航空服务人员不仅要懂得劝说在航空服务工作中的重要意义，还要熟练掌握劝说的基本原则和技巧，使自己的劝说能发挥积极的作用。

（一）劝说的基本原则

热诚　当旅客自身利益因种种因素受损或需求没能得到满足而态度消极时，航空服务人员应该态度热诚，热情主动地帮助旅客，向旅客讲清导致让他们利益受损或需求无法得到满足的原因，以取得旅客的理解。如果航空服务人员的劝说缺乏热情和诚意，就不能赢得旅客的信任和理解，这样的劝说就无法说服旅客，无法改变旅客原有的认知。热诚是劝说的关键。

共情　共情即是指航空服务人员在劝说航空旅客时，要设身处地为旅客着想，主动为旅客提供服务，使他们从心理上、情感上愿意与服务人员接近，从而形成情感上和心理上的沟通。这样，航空旅客就容易自觉自愿地改变自己原来的看法和对立情绪，接受航空服务人员的劝说。

真实　航空服务人员在对航空旅客进行劝说时，所说的一定要是真实的，切不可欺骗旅客。欺骗是违背诚信原则的，而且一旦被旅客觉察到，旅客在心理上就会产生受辱感，会增加不信任感，情绪也会马上对立，消极态度也更会加深，甚至可能导致行为上的冲突。

小贴士

"客人总是对的"的意识要求我们遵守的三条原则

一是应该站在客人的角度考虑问题，使客人满意并成为可靠的回头客。

二是不应把对服务有意见的客人看成是故意挑剔的客人，应设法消除对他们的不满，获得他们的好感。

三是应该牢记，同客人发生任何争吵或争论，我们绝对不会是胜利者，因为那样将会失去客人，也就意味着失去利润。

（二）劝说的技巧

针对性 航空服务人员劝说的针对性一是指针对航空旅客谈话的内容。航空服务人员在听了航空旅客的谈话后，要针对谈话内容，确定旅客谈话所反映的主要问题，然后进行有的放矢的劝说。二是指针对不同类型的航空旅客。航空旅客的成分是多种多样的，性格、脾气、身份、职业均不一样，这就要我们航空服务人员针对航空旅客的不同类型，用不同的方式进行劝说。比如，这位航空旅客气质类型是属于胆汁质，易于冲动，火气较盛，服务人员就要用较为谦恭的语气进行劝说，并耐心地等待他的火气消退；假如这位航空旅客的气质类型是属于抑郁质的，服务人员的劝说就要帮助他分析利害关系，多从事物的正面去看待；假如这位航空旅客是论理型的，逻辑严密、头脑清楚，那么服务人员可以用论理方式对他进行劝说；假如这位航空旅客的知识水平不是很高，服务人员的劝说可主要表现出理解和同情，而主要在行动上体现关心和照顾。

换位法 航空服务人员使用换位法也分为两种，一是将自己换到航空旅客的角度去思考、理解旅客所受的麻烦和困扰，拉近服务人员与旅客心理上的距离，这样可以使劝说更能为其所接受。二是在劝说时，引导航空旅客用换位思考法，从另一个角度，用另一种方法来思考，从而得出与原来不同的新的看法，对航空公司、对航空服务人员能设身处地加以理解。这样，双方都能作换位思考，就更容易相互理解，化解怨气和怒气，达到情感上的一致性。

读一读

换位思考是服务工作的法宝

1月2日，当我执行 CA1562 航班时，由于 CA1538 航班取消，致使几十名旅客在不明原因的情况下滞留南京机场几个小时，耽误了行程，使旅客产生了极大的不满。后来，由于我们的真诚服务，终于得到了旅客的谅解，化解了矛盾。这使我们感到由衷的欣慰，这件事也让我收益很多，感慨万千。

作为一名工作了多年的乘务人员，我深知此项工作的辛酸与甘苦，同时也在不断积累工作经验，争取做得更好，因为优质服务是永无止境的。在工作中，我感受最深的是"换位思考"：当遇到矛盾时，如果站在他人的角度去看、去想，服务自然就有了亲和力，矛盾也比较容易化解。CA1562 航班上发生的事也正好印证了这句话。尽管时代的发展，科技的进步，通讯工具的日新月异，为人类提供了许多方便，但在许多时候，人们还是需要坐下来，面对面地交谈、沟通，以缩短彼此间的距离，于是很多商界人士选择了快速便捷的航空器。在国内，很多人会选择早发晚归的方式，利用一次晚宴，解决重大商业问题。我们的航班上就有许多这样的客人。因此，航班的延误、取消，势必会给他们带来诸多不便。在这个时候，空中的服务工作稍有不周，就会引发矛盾，1月2日的情况正是如此。很多客人要求我给予解释、道歉，其实我也觉得委屈，我们机组人员并不知道CA1538取消一事，而且我们当值的CA1562是正点离港，我们只要做好机上服务工作，让旅客安全舒适抵达目的地就算完成了任务。但我深知，我代表着国航，尽管不是我的错，我也必须尽力做好解释工作。经过我的一番努力，客舱里平静了许多，在飞机着陆前，一位乘客的话让我感动。客人说："其实，我也知道取消航班与你无关，你也挺委屈的，可从那个航班取消到上机，始终没有人给我们一个合理的解释。我就是要说，一吐为快，就因为你是国航的。"这说明我的工作没有白做，得到了客人的理解。

耐心　航空服务人员要懂得一个人的某种态度形成后往往不会是只靠几句话马上就可以转变的，它需要一个过程。所以，航空服务人员在劝说时，一方面要有锲而不舍的精神，反复不断努力，一方面还需要耐心地、仔细地倾听航空旅客的意见，尽可能地对他们的各种疑问、质询作出让其满意的回答。要相信绝大多数航空旅客并不是蛮不讲理的人，只要我们用足够的耐心去劝说他们，同时提供好相应的服务，是会打动旅客，化解他们的不满情绪的。

语言要慎重，语气要委婉　心理学知识告诉我们，每个人都有被肯定的需要，喜欢被赞美、恭维，而对告诫、埋怨、批评的话自然地采取排斥态度。航空服务人员在劝说航空旅客时不能疏忽旅客的这一心理。所以出言要慎重，决不可使用教训的口吻指责旅客。我们不要忘了客人是来花钱买服务的，也就是享受服务和获得快乐的，不是来开展"批评和自我批评""接受再教育"的。"认错"对于客人来说绝不是一件愉快的事。而我们服务的目的就是要让客人高高兴兴地来，高高兴兴地走。航空服务人员不仅使用一般用词时要慎重，对事情的定性或对某事物表态时更要慎重，要多加思考，要考虑旅客的心理承受力，使旅客能够接受。在拒绝客人时，使用否定句的影响是强烈的，会给客人留下不愉快的印象。切记不要直接向客人说"不"，要使用委婉的语句。例如："请不要在这儿吸烟"与"对不起，这儿是不能抽烟的"这两句话，表达的内容虽然相同，但后者的语气显得更柔和一些。又如把"等一下"改为"您能等我一下吗？"等等。

注意劝说的场合　每个人都有自尊感，也就是通常所说的"面子"，航空服务人员在劝说时，要考虑劝说的场合，尤其是针对旅客明显存在错误观点时的劝说，最好找一个较安静的、人员较少的场所进行。这样劝说也才能更容易有效果。

读一读

一封感谢信

广西航空公司客舱部乘务队收到一封来自辽宁省的信，队领导拆开一看，是一封感谢信，上面这样写道：

我是辽宁的乘客，在 2002 年 12 月 20 日上午乘坐贵公司由桂林飞往北京的飞机，航班号为 8911。登机前几把扇子遗落在桂林出租车上，当时我很着急……该班乘务长陈雪非常耐心地给我解释，并在北京落地后，积极帮助我联系桂林那位出租车司机，同时，在她返回桂林后，利用个人休息时间，找到出租车司机，个人补足邮费将扇子寄给了我。在此，我对陈雪表示感谢！同时，希望贵公司对陈雪的敬业精神和乐于助人的优秀品格给予表扬。

这是怎么回事呢？原来，事情发生在 12 月 20 日 8 点钟，8911 航班在旅客全部登机后准时关了舱门，乘务员正对机上各项安全规定进行落实检查。这时，第 7 排有一位旅客正在打手机，乘务长陈雪劝解说："先生，机舱门已经关了，飞机马上就要起飞，飞机起飞时是不能打手机的，为了安全，请您把手机关了。"该旅客不仅不关机，还强硬地说："你们只要再给我一点时间，我就可以把事情办好，你们怎么这样死板。"陈雪耐心地解释说："飞机起飞打手机会严重影响机上电子设备正常工作，进而影响飞行安全。要您关手机是为了您和大家的安全，您个人的事，待飞机起飞后再告诉我，或许我能帮上一点忙，现在你必须关掉手机。大家都要回到各自的座位，系好安全带，等待飞机起飞。"该旅客很不情愿地关了手机。

飞机起飞后，陈雪来到该旅客身边了解情况。原来，该旅客是到桂林旅游的，在桂林买了几把桂林山水画的扇子，想把桂林的山水带回去当作纪念。由于赶飞机太急，在机场下出租车时，扇子放在车尾厢内忘了取出，当想起扇子时，出租车已经开走了。于是他想通过手机联系司机，请司机将扇子送回机场。了解情况后，陈雪安慰旅客道："请您放心，我尽力帮您。"并记下了出租车司机的电话号码和旅客的地址。

飞机在北京落地后，陈雪用自己的手机与司机取得了联系，确定了扇子还在出租车上时，立即将消息告诉了该旅客，并表示一定要帮他把扇子找到。陈雪执行完 8912 航班，从北京返回桂林时已经是下午 3 点钟。到家后，她没来得及休息，立即与司机联系，并约定在广航花园门口交货。那天正好桂林降温，外面刮着大风，她在寒冷的大风里等了近半个小时。3 点半，出租车司机终于来了，拿到旅客的遗失物后，她心里那块石头才落下。接着，她叫上同航班的另一位乘务员——她的徒弟张薇一起坐出租车到邮局把扇子寄了出去，并打长途电话通知旅客查收。这时已经是下午 4 时 50 分了。了解情况后，队领导问她花了多少钱，陈雪迟迟不肯回答，在队领导的一再追问下，才知道她花了 85 元用特快专递把扇子寄给了旅客。

后来，有人问陈雪为什么这样做？她说："不为什么，我是一个乘务长，为旅客排忧解难是我的本分，我又是一个桂林人，桂林人希望世人都了解桂林的山水美。其实，我们乘务队人人都会这样做。"

陈雪以她的耐心和高超的劝说能力使焦急的旅客放弃了在飞机上打电话的错误做法。同时，更是站在旅客的角度去理解他、帮助他，热情地为旅客排忧解难，从而赢得了旅客对其工作的肯定和感谢。

总之，航空服务人员的劝说工作是航空服务工作不可缺少的一环。劝说能力的高低会直接关系到航空服务工作的成败。因此，航空服务人员要努力提高自己的劝说能力，对旅客要晓之以理，动之以情，取得旅客对自己工作的配合和支持，同时也才能为旅客提供优质的服务。

第五节　倾听能力的培养

心理学研究表明，人在内心深处都有一种渴望得到别人尊重的愿望。倾听是一项技巧，是一种修养，甚至是一门艺术。我们在学校学习读、写、说，但我们从未学习如何倾听。倾听也许是所有沟通技巧中最容易被忽视的部分。

教育家卡耐基说："做个听众往往比作一个演讲者更重要。专心听他人讲话，是我们给予他的最大尊重、呵护和赞美。"每个人都认为自己的声音是最重要的、最动听的，并且每个人都有迫不及待地表达自己的愿望。在这种情况下，友善的倾听者自然成为最受欢迎的人。据一些专家和学者的研究报告，人们用于听的时间是读的三倍、写的五倍、说的一倍半。甚至还有人指出，人们在互相交往或交流信息时，听的时间几乎占到了40%～66%。可见，"听"在交往过程中占有非常重要的位置。会听不仅可以帮助我们正确理解说话人的意思，还会让说话人体会到自己被尊重的感觉。如果航空服务人员能够成为航空旅客的倾听者，他就能满足每一位航空旅客的需要。缺乏倾听往往导致误解、冲突，甚至导致危机。

学会倾听应该成为每个优秀航空服务人员的一种责任，一种追求，一种职业自觉。倾听也是优秀航空服务人员必不可缺的素质之一！航空服务人员在服务工作中，不仅要会说，更重要还要会听。

读一读

侥幸逃生的航空旅客回家却上吊自杀

那是一个圣诞节，一个美国男人为了和家人团聚，兴冲冲从异地乘飞机往家赶。一路上幻想着团聚的喜悦情景。恰恰老天变脸，这架飞机在空中遭遇猛烈的暴风雨，飞机脱离航线，上下左右颠簸，随时随地有坠毁的可能，空姐也脸色煞白，惊恐万状地吩咐乘客写好遗嘱放进一个特制的口袋。这时，飞机上所有人都在祈祷，也就是在这万分危急的时刻，飞机在驾驶员的冷静驾驶下终于平安着陆，于是大家都松了口气。

这个美国男人回到家后异常兴奋，不停地向妻子描述飞机上遇到的险情，并且满屋子转着、叫着、喊着……然而，他的妻子正和孩子兴致勃勃分享着节日的愉悦，对他经历的惊险没有丝毫兴趣。男人叫喊了一阵，却发现没有人听他倾诉，他死里逃生的巨大喜悦与被冷落的心情形成强烈的反差，在他妻子去准备蛋糕的时候，这个美国男人却爬到阁楼上，用上吊这种古老的方式结束了从险情中捡回的宝贵生命。

思考：一个在飞机上遭遇惊险却大难不死的美国人回家反而自杀了，原因何在？

一、航空服务人员的倾听能力

倾听是指有目的地、专注地听。航空服务人员的倾听能力是指在航空服务过程中投入自己的知觉、态度、感情等到"听"的活动中去，从而完整地接受服务对象传递的信息的能力。

在倾听的过程中，对方会因为自己传递的信息被完整接收而感觉到被尊重、被关注和被理解。良好的倾听能力也是交流双方能否在同一平台上顺利进行语言交流的前提。在航空服务中，"听"具体主要体现在以下几个方面。

可以增加信息　交往服务是一种信息沟通的过程，航空服务人员在服务过程中，要通过积极的听来获得大量的信息，增长自己的智慧。

可以减少误会　航空服务人员在服务过程中，如果不能做到积极的听，就有可能导致信息传播的失真或误解，因而与航空旅客之间产生误会。而如果服务人员能积极地倾听，就可以减少误会，减少不必要的冲突，避免许多无意义的争论和误会。

小故事

我还要回来

美国著名的主持人林克莱特在一期节目上访问了一位小朋友，问他："你长大了想做什么呀？"小朋友天真地回答："我要当飞机驾驶员！"林克莱特接着说："如果有一天你的飞机飞到太平洋上空时，飞机的所有引擎都熄火了，你会怎么办？"小朋友想了想："我先告诉飞机上所有的人绑好安全带，然后我系上降落伞，先跳下去。"

当现场的观众笑得东倒西歪时，林克莱特继续注视着孩子。没想到，接着孩子的两行热泪夺眶而出，于是林克莱特问他："为什么要这么做？"他的回答透露出一个孩子真挚的想法："我要去拿燃料，我还要回来！还要回来！"

主持人林克莱特值得敬佩，他能够让孩子把话说完，并且在"现场的观众笑得东倒西歪时"仍保持着倾听者应具备的一份亲切、一份平和、一份耐心。这种积极的倾听，也才能明白孩子真正的意图。

优化关系　积极的倾听能加深航空旅客与航空服务人员之间的沟通，如果彼此都能积极地听，就能正确地理解对方的心愿和要求，从而达到情感的相互沟通，使双方的关系得到融洽。

得到及时回报　航空服务人员在航空服务工作中，积极地听，让航空旅客能充分地表达自己的意思，会让旅客觉得自己受到了尊重，会以同样的态度来对待我们。另外，积极地倾听也会让旅客觉得我们更值得信赖，从而会积极地配合我们的工作，使我们的服务工作更加顺利。

照一照

看看下面的特征，你经常会出现哪些情况？

1. 不全神贯注，心不在焉。

2. 在与别人交谈时会想象自己的表现，因此常错过对方的谈话内容。

3. 当别人在说话时，常常允许自己想别的事情。

4. 试着去简化一些听到的细节。

5. 专注在谈话内容的某一细节上，而不是在对方所要表达的整体意义上。

6. 允许自己对话题或是对对方主题的看法，去影响对信息的评估。

7. 听到我所期望听到的东西，而不是对方实际谈话的内容。

8. 只被动地听对方讲述内容，而不积极响应。

9. 只听对方讲，但不了解对方的感受。

10. 因个人的小偏见而分心。例如，有人可能习惯说脏话，或做出一些你不喜欢的举动，或许你容易被某种腔调激怒。

11. 在未了解事情的全貌前，我已对内容作出了判断。

12. 只注意表面的意义，而不去了解隐藏的意义。

看了上面的现象，你可以看出自己是否是一个有效的倾听者了。

二、航空服务人员良好倾听能力的培养

（一）听的言语技巧

适当要求旅客做进一步说明　为了更清楚地了解航空旅客的需求，在倾听的时候，航空服务人员有时可以鼓励航空旅客讲下去或对一些情况做进一步的说明。比如，"您还有其他要求吗？""请您讲下去""你有什么特殊情况吗？"等等。这样的语言可以让航空旅客感觉到航空服务人员很亲切，很关心他，增加对服务人员的好感，航空旅客的心情也会十分愉快。

适当提问　航空服务人员鼓励航空旅客把话讲下去的另一方法就是直接提问。通过提问也可以尽快地了解航空旅客的需求，从而为其提供相应的服务。比如，售票员要接受旅客订票时，主动询问旅客在餐饮上有无特殊需要等等。

适当提供意见和经验　航空服务人员在倾听时可以针对航空旅客的询问或疑问提出自己的意见和经验。比如，旅客下飞机要了解城市的交通和住宿情况，服务人员可以对旅客加以介绍。

应答语要随时变换　对航空旅客说的话，航空服务人员要用应答语表示在倾听，或赞同、肯定旅客的观点，但应答语要随时变化，否则就会给航空旅客的感觉是航空服务人员对他的话漫不经心，是在应付他。服务人员的答语可以用"是""明白了""好""对"等等。

复述旅客讲话的内容　在倾听航空旅客讲话时，要对旅客话语中的关键字、词、句进行复述，表明自己对旅客说话的理解。同时，也可让航空旅客知道自己说话的意思是否为航空服务人员所明白，从而避免因交流不畅而出现服务缺陷和麻烦。航空服务人员

在复述时，要注意简明扼要，重点要对时间、地点、航班等进行复述。

对旅客的话语要进行解释或阐述自己的理解　航空服务人员在倾听航空旅客讲话时，不仅需要复述旅客讲话的内容，还需要用自己的语言对旅客说的话进行适当的解释和说明，以向旅客说明自己的理解，达到与旅客的正确沟通，从而为他们提供满意的服务。需要说明的是，航空服务人员这种解释和阐述是为了完全理解航空旅客的意思和意图，而不是阐述自己的观点或不同意见。

（二）听的非语言技巧

用目光注视　眼神往往最能真实反映一个人的态度，航空旅客会从与他交流的航空服务人员的眼神中看出服务人员是否对他的话感兴趣。一般来讲，目光专注，说明是在认真听；目光游移，则表示没有认真听。航空服务人员在听航空旅客说话时，保持目光的专注，可以表明服务人员对航空旅客的意见或观点的关注或赞成，可以让旅客体验到尊重和重视的感觉。

恰当地利用面部表情　航空服务人员的面部是航空旅客讲话时主要观察的目标。所以，航空服务人员的面部表情乃至头部的动作都显得非常关键，航空服务人员要利用好面部表情和头部动作，使航空旅客感到航空服务人员是认真而耐心地在听他讲话。比如，在倾听时，可以有微笑、扬眉、点头等等动作。

用声音鼓励　在倾听航空旅客说话时，航空服务人员要恰当地用声音对航空旅客进行鼓励，如用"嗯""噢""对""是这样""我明白了"等表明服务人员在积极地倾听、在积极地关注旅客。

运用适宜的身体姿态　航空服务人员在倾听航空旅客说话时，可用身体的活动、手势等来表示对其话语的倾听和理解。航空服务人员倾听时姿势既不能悠然自得或没精打采，也不必太过紧张。前者容易让航空旅客认为你漠不关心、傲慢等，后者容易让航空旅客感到你是心理紧张或不舒服。航空服务人员的身体要表现出开放型的姿态，表示乐意和有兴趣倾听旅客说话，比如身体应该微微前倾、姿势轻松灵活一点。

小贴士

提高自己倾听能力的九种方法

1. 相信倾听的重要性。如果我们意识不到多听一点别人对我们说的话的价值，那就完全没有必要劳心去改进这种创造性的能力。

2. 予以注意。当别人讲话的时候，想象我们的眼睛充满活力地看着他们，不但让他感觉到自己受重视，而且有助于我们对乘客的理解。

3. 对说话人的姿态和面部表情要予以关注。我们都不喜欢对一个没有情感的人说话，

就是偶尔发出笑声，或者表示同意地点点头也是好的。就像打一个哈欠可以泯灭一个谈话者的积极性一样，一声会意的笑声足以产生鼓舞人积极性的力量。

4. 绝不要寻找没有兴趣的话题去讨论。有创造才能的人总是关心新的和与众不同的信息。保持你的大脑开放，尽量接受新的思想。

5. 避免对说话人抱有偏见。要注意讲话人说的话，而不要注意他讲话的方式。

6. 边听边做简要的记录。当你过后重看这些记录的时候，它们能够唤起你的回忆并能把你带回到原来谈话的场景。

7. 寻找说话人的目的，设法了解他的企图。

8. 要认识到我们"感情上的盲点"具有妨碍我们认真听别人讲话的倾向。这指的是常常能把我们推到错误道路上去的话语或思想。如果我们知道了这样的"盲点"，我们就可以确定哪些是干扰我们情绪的话语和思想，彻底分析或者与一个好朋友或家庭成员讨论一番，然后根除它。

9. 保持敏锐的观察力。倾听彼此都很感兴趣的方面，抵制精神涣散。想要让我们的思维迅速地集中在被说的事情上，应做三件事：反复思考听到的材料；提前思考，预期要被谈到的下一个方面；过后思考，扼要重述。

思考与练习

1. 航空服务人员应该具备哪些能力品质？
2. 航空服务人员应该如何观察航空旅客以提高服务质量？
3. 简述航空服务人员劝说的基本原则和技巧。
4. 倾听的非语言技巧有哪些？

第三章　航空旅客的感知觉与航空服务

教学目的　1. 了解感知觉的含义和特征。
　　　　　　2. 掌握影响航空旅客感知觉的客观和主观因素。
　　　　　　3. 学会克服不良感知觉因素的干扰，提高服务质量。

案例导入

> 一位年轻母亲怀抱着一个2岁左右的小女孩走进某民航宾馆。前台有几个服务员站着迎接客人，于是，年轻母亲便走过去向其中的一位服务人员咨询住宿的情况。她听完服务员的介绍后，打算办理住宿手续。可是就在她准备把小女孩放在地上去登记时，孩子却开始大哭大闹起来，而几个服务员则默默地看着、等待着。年轻母亲没办法，只好又弯腰抱起女孩，就在她抱起孩子抬头的一瞬间，却看到了一位服务人员皱着眉头、一脸的不耐烦。看到这一情景，这位母亲提起行李，转身离开了酒店。前台的几位服务员却面面相觑，不知何故。

从上述案例可以看出，一个人的心理条件会影响和制约着他的活动和行为。航空服务中的心理条件是指航空旅客与航空服务人员那些参与并作用和制约整个服务交往活动过程的心理因素的总和。感知觉是航空服务过程中的一个重要的心理条件。

第一节　航空旅客的感知觉

人们对客观世界的认知过程，是人们获得各种知识和经验所表现出来的心理活动的过程，它是心理活动的基础和起步，这一过程是通过感觉、知觉、思维、想象、记忆等心理机能的活动完成的。

一、感觉

（一）什么是感觉

感觉是日常生活中常见的心理现象。我们用眼看，用耳听，用鼻闻……这些都是感觉。认知心理学认为，感觉是人脑对直接作用于感觉器官的客观事物的个别属性的反应。感觉是认知活动的起点，通过感觉，个体可以获得客观事物具体的、特殊的信息。比如一个梨子，它是青色的，有麻点的外表和酸甜的滋味等等。梨子的这些客观属性，作用于我们的眼、耳、鼻、舌等感觉器官时，就会产生各种感觉。感觉除了可以反映客观事物的各种不同属性之外，还可以反映自己身体内所发生的变化，了解自身各部分的状态，如身体的运动和位置等。

感觉是人对客观事物的主观反应。人的感觉必须依赖人的大脑、神经和各种感觉器官的正常机能，同时受到人的机体状态的明显影响。所以，不是所有的刺激都能引起主体的反映，只有在一定的适宜刺激强度和范围内，才能产生感觉。

（二）感觉的种类

根据感觉反映事物个别属性的特点，可以把感觉分为两大类：外部感觉和内部感觉。外部感觉接受外部刺激，反映外界事物的属性，包括视觉、听觉、嗅觉、味觉和皮肤感觉。内部感觉接受体内刺激，反映身体的位置、运动和内脏器官的不同状态，包括肌肉运动感觉、平衡感觉和内脏感觉等。

知识链接

人最重要的感觉——视觉和听觉

视觉是个体对光波刺激的觉察。视觉是人类最重要的感觉。个体觉察到的信息的80%来自视觉。

我们感觉到的客观事物都是有颜色的。人类对颜色的视觉具有色调、明度、饱和度三种特性。这些特性是由光波的物理特性决定的。红橙黄绿等颜色的色调，是由光波的波长决定的。颜色的明度是由光的强度决定的，光的强度越大，颜色越亮，最后接近白色；光的强度越小，颜色越暗，最后接近于黑色。颜色的纯洁度（饱和度）是由不同光波成分所决定的，光波成分越单纯，颜色就越鲜艳。

听觉是个体对声音刺激的觉察。听觉是人类仅次于视觉的一种重要的感觉。人类语言信息和其他与声音有关的信息主要就是通过听觉获得的。听觉的适宜刺激是频率为16～20000赫兹的声波，其中人耳最敏感的声波频率为1000～4000赫兹。

人类的听觉具有音调、音响、音色三种特性。这些特性主要是由声波的物理特性决定的。音调主要是由声波的频率决定的，频率越大，音调越高。成年男子说话声的频率一般约为95～142赫兹，而成年女子说话声的频率一般约为272～653赫兹。音响主要是由声波的强度决定的，强度越大，响度越大。普通的说话声的响度约为60分贝。音色主要是由声波成分的复杂程度决定的。我们听到说话声就能分辨出是谁在说话，就是因为每个人说话声都有独特的音色。

（三）感觉的意义

感觉是人们对客观世界认识的最简单形式，是一切复杂心理活动的基础。只有在感觉的基础上，人们才能对事物的整体和事物之间的联系作更复杂的反映，获得更深入的认知。比如，机舱内的色调、明亮度、背景音乐、气味、装饰物的质感，航空服务人员的服装、面部表情等都会影响到航空旅客对机舱乃至整个航空公司的认知。而这些感觉，会对航空旅客选择航空公司的行为产生直接的影响。

新闻链接

5月起川航空姐换新装

斑点衬衣搭配白色花边套裙，川航空姐的这套装扮曾在蓉城风行一时，更是被火锅店等众多服务业争相模仿。据悉，从2008年5月1日起，川航空中和地面服务人员又将统一换上"玫瑰红"与"宝石蓝"搭配的新款制服。这次空姐服装从单一主色到多色彩搭配的突破，是否再次成为制服时尚风向标，成为人们关注的焦点。

川航空姐旧装扮曾风行蓉城

"太熟悉了，满大街都能碰到川航'空姐'。"说起川航空姐的服装，经常乘坐川航班机的卢女士说。两年前，她刚到成都工作，第一次看到川航空姐穿着斑点衬衣配红蓝套裙的服装走出机场时，觉得非常高雅。后来，她发现，这套很"扎眼"的衣服穿在了成都多个火锅店、茶楼和咖啡厅的服务员身上。虽然细节上有些许差异，但斑点衬衣和白色花边套裙，还有和衬衣同花色的斑点丝巾，几乎一模一样。大街上，带有斑点丝巾、白边套裙等元素的衣服也很常见。

新装变单一主色为多彩搭配

为突出空姐独特的职业气质，川航此次新推的空姐制服，选用了在航空行业制服里比较少见的"玫瑰红"。

"红玫瑰"配"蓝宝石"

每季有"玫瑰红"和"宝石蓝"套装各一款。

两款套装款式一致，上衣与下装可交叉搭配穿着，从而通过颜色变换搭配出四款不同的服装，加上衬衣、春秋季马甲、冬季羊毛背心以及丝巾的搭配，可变换出更多款式。丰富多彩的颜色搭配是这次川航换装的一大"亮点"，这也突破了航空公司空姐服装单一主色的用色传统。

新款制服在款式上结合东方人脸型柔和的特点，采用修长的"汉服"青果领和偏襟设计，腰节增加华丽的进口油丁蝴蝶结，起到"点睛"作用，让空姐更显美丽妩媚。

如此精心的设计，是不是为了避免其过于大众化呢？川航工作人员表示，川航空姐制服的确引来很多商家模仿，"这很正常，各家航空公司在空姐制服的设计上都下足了工夫，所以往往一推出就成了制服时尚风向标。"（资料来源：四川在线－华西都市报）

二、知觉

（一）什么是知觉

知觉是人脑对直接作用于感觉器官的事物整体的反映。知觉是在感觉的基础上形成的，但知觉不是感觉信息的简单结合。感觉信息是简单而具体的，它主要受刺激物的物理特性所决定。知觉则较为复杂，它要利用已有的经验，对所获得的感觉信息进行组织，同时解释这些信息，使之成为有意义的整体。例如，我们听到身后的熟悉的脚步声，就知道是谁来了。"听到脚步声"是感觉，"熟悉的"是指已有经验，感觉信息与已有经验的相互作用，使我们产生了"谁来了"这种知觉。任何事物都是由许多个别属性组成的，它们的个别属性与其整体总是不可分割的。比如，一个梨子是由一定的颜色、形状、滋味等属性组成的，我们感觉到这些属性，并将它们相互联系、综合，在头脑中就会形成"梨子"这样一个具体映象，这就是我们对梨子这一具体事物的知觉。

（二）知觉的种类

知觉有很多种。通常按照知觉所反映的事物的特性不同，可以将知觉分为空间知觉、时间知觉、运动知觉；按照知觉所凭借的感觉信息的来源不同，可以分为视知觉、听知觉、嗅知觉、味知觉、触知觉。另外，我们把知觉印象与客观事物不相符合的知觉称作错觉。

（三）知觉的基本特征

1. 知觉的意义性

人在知觉过程中，总是力图赋予知觉对象一定的意义，这就是知觉的意义性（又称理解性）。当一个知觉对象出现在我们面前时，我们总倾向运用已有的知识经验来理解这个对象，将它归于经验中的某一类事物。可见，在知觉过程中有思维活动的参与。同时，语言在知觉的过程起着一定的指导作用。当我们赋予知觉对象一定的意义时，往往需要用词来标志它；而且，当知觉对象的外部标志不太明显时，语言就会帮助我们迅速利用已有经验弥补感觉信息的不足。例如，一幅图中的墨点画的是什么往往看不出来，如果告诉你这是一条狗，狗的图形会立即成为你的知觉对象，你会觉得这确实像一条狗。

考一考

你能看到几张脸？

2．知觉的完整性

人在知觉过程中，总是倾向于把零散的对象知觉为一个整体，这就是知觉的整体性。在完整性的知觉中，对象内部的关系起重要作用。例如，一个人的画像，无论像的大小如何变化，只要画像中线条的比例不变，看上去总是像这个人。同时，在形成完整性知觉时，对象各部分的作用是不同的。一般来说，强的部分会掩蔽弱的部分。例如，有的山峰看上去像一个少女，并不是因为山峰的所有部分都像，而是山峰的突出的部分像少女的某个部位（如身材或脸型）。另外，整体性知觉离不开个体的经验，经验可以弥补知觉整体中不完整的部分。

3．知觉的选择性

当我们面对众多的客体时，常常优先知觉部分客体，这就是知觉的选择性。被清楚地知觉到的客体叫对象，未被清楚地知觉到的客体叫背景。影响知觉选择性的因素很多。从客观方面来说，与背景差别较大的、活动的、新颖的刺激容易被选择为知觉的对象。从主观方面来说，与个体当前的任务有关、能满足个体需要、符合个体兴趣、个体对之有丰富经验的刺激，容易被选择为知觉的对象。

图一　　　　　　　　　　图二　　　　　　　　　　图三

上面的三幅图在心理学上被称为"两可图"。所谓的两可就是既可以看成是这样，也可以看成是那样，究竟是看到什么，取决于你将目光集中在不同的部位，或者以什么做知觉对象，以什么做知觉背景，也就是和人的知觉选择性有关。比如，图一，既可以看做是少女，也可以看做是老妇。图二，当我们以黑色作背景时，我们看到的是游鱼；当我们以白色作背景时，我们看到的却是飞鸟。图三，我们既可以看做是花瓶，也可以看做是两个侧面的人头像。

4．知觉的恒常性

当知觉的条件在一定范围内发生变化时，知觉的印象仍然保持相对不变，这就是知觉的恒常性。例如，一个熟悉的身材高大的人，我们不会因为他站得离我们远而把他知觉为一个矮子。通常人们对物体的形状、大小、颜色、亮度的知觉均表现出恒常性。个体的经验是保持知觉恒常性的基本条件，儿童由于经验不足，对不熟悉的事物的知觉常随知觉的条件的变化而变化。同时，知觉的恒常性在一定程度上依赖于参照物，离开参照物，恒常性就会减少甚至消失。当然知觉恒常性是有限度的，如果知觉条件变化太大，就不会有恒常性。

（四）知觉的意义

知觉是我们对客观事物的简单认识，但却是我们各种心理活动的基础，是我们对客观事物的认知、情感、意志的开始。知觉能促使人们产生需要，并为满足需要进行实践活动。在消费活动中，消费者只有对某种产品掌握一定的知觉材料，才可能进一步通过思维去认识这种产品，并随着对产品知觉程度的提高，形成对产品的主观态度，从而确定相应的消费决策。

第二节　影响航空旅客感知觉的因素

在航空服务中，航空旅客是一个重要的主体。航空旅客的感知觉对服务交往有着直接的影响。作为一名航空服务人员，了解与掌握航空旅客的感知觉心理，会有助于服务交往的顺利进行。

一、影响航空旅客感知觉的客观因素

（一）航空旅客对航空公司的感知觉

航空旅客对航空公司的感知觉，是指航空旅客通过自己的感官对航空公司的整体知觉。这一整体知觉是由航空公司各个方面所组成的，包括航空公司的服务环境、航线、航班时间、服务人员的形象与态度等等。

1. 航空旅客对服务环境的知觉　人们的心理活动起源于感知，这种感知离不开人们当时所处的环境。航空旅客经常出入的地方，如航空售票处、候机室、机场餐厅、机场商场、民航宾馆等地方，这些环境是否宽畅、明亮、整洁、美观、优雅都会使航空旅客产生不同的感知觉，这些感知觉将会影响到他们的心理活动和行为。航空服务环境对航空旅客感知觉的影响，主要有：

服务环境的色彩对航空旅客感知觉的影响　颜色是人的视觉对各种可见光波的主观映象，当可见光进入人的眼睛，会产生有关各种颜色的知觉，而且不同的色彩会给人不同的感觉，不同的心理感受。比如，蓝色表现的是宁静、平和；绿色表现出青春和活力，让人感觉到生机勃勃；白色象征着纯洁，给人整洁或洁白无瑕的感觉；红色能使人产生热烈、兴奋、喜庆的联想等等。对航空服务环境而言，色彩配备非常重要，它会让航空旅客产生不同的

感知觉，不同的心理感受。比如，候机大厅采用蓝色或绿色为主色调，它会给旅客一种整洁、舒适、优雅而宁静、充满希望的感觉。这些感觉，就会给旅客一种良好的知觉。

小贴士

色彩与情绪

红色——兴奋、热情、激动、欢乐。　　　　　　凉爽。

橙色——活泼、热闹、壮丽。　　　　　　紫色——高贵、庄重、险恶。

黄色——高贵、娇媚、明朗。　　　　　　白色——清洁、纯真、神圣、哀怜、冷酷。

绿色——青春、健康、安全、宁静。　　　灰色——平凡、沉默、稳定。

蓝色——深沉、开阔、宁静、幽静、

服务环境的温度、音量对航空旅客感知觉的影响　一个人对温度的知觉主要是通过人的皮肤来觉察的，不同的温度会对人产生不同的知觉。温度过高或过低，都会使人注意力分散、心烦，动作准确性下降，甚至会情绪急躁或低落等等。所以，航空服务环境，如航空售票口、候机厅、民航餐厅、飞机机舱等地方都应该注意服务环境温度对旅客感知觉的影响，保持适宜的温度，以调节航空旅客的情绪。

一个人对声音高低的感受主要取决于声波振动的频率，是人对声波频率刺激的反应。频率高了，听起来的声音就高，反之，听起来的声音就低。航空服务环境的声音，尤其是广播声音不宜过大，否则会让航空旅客产生不舒服的触压觉和痛觉。所以，航空服务人员在使用广播时要注意音量大小，尽可能给旅客提供柔和、甜美而亲切的广播声音，让旅客有一个良好的感知觉。

服务环境设施对旅客感知觉的影响　对于航空旅客来讲，相关的服务设施是否齐备、方便，会对其心理产生不同的影响。假如，服务设施缺乏，会给旅客造成许多麻烦，比如问讯处、电话亭、时刻表、小卖部等等，旅客需要的时候找不到，就会让旅客产生不愉快、不舒服的感知觉。反之，服务设施齐备，旅客就会对服务环境有一个良好的感知觉。

2. **航空旅客对航线、航班时间的感知觉**　对航空旅客来说，航空公司的航线、航班出发和到达的时间，是旅客对航空公司形成知觉的重要因素。某航空公司在调查中发现，对于大多数航空旅客而言，航班出发时间与到达时间的正点，是其选择航空公司的重要因素。航空服务人员必须把航班正点视为航空公司的生命线，要尽一切可能减少航班的延误，让航空旅客在航班时间上有一个良好的感知觉。

（二）航空旅客对航空服务人员的感知觉

在接受服务过程中，航空旅客对航空服务人员做出什么样的反应，主要取决于航空旅客对航空服务人员的感知觉。而航空旅客对航空服务人员的感知觉主要来自于航空服务人员的外表、行为。

1. 通过航空服务人员的外表感知　在航空服务中，航空旅客对航空服务人员的感知首先就是通过航空服务人员的外表，比如服饰、装束、发型等。这些外表特征，成为航空旅客了解航空服务人员性别、年龄、工种等情况的途径，从中形成航空旅客对航空服务人员的初步印象。

2. 通过航空服务人员的表情来感知　在航空服务中，航空服务人员的表情是航空旅客感知服务人员的最重要的途径，服务人员的一举一动将给航空旅客留下深刻的印象。表情又包括面部表情、言语表情、体态表情等。这些不同的表情是人们心理活动的外在表现，它是人们感知他人心理状态的一个重要指标。航空服务人员的面部表情是航空服务人员在与航空旅客交往中服务人员心理活动在面部的表现，它是航空旅客感知的对象，是航空旅客了解航空服务人员思想、情感、情绪的重要线索；航空服务人员的言语表情是航空服务人员与航空旅客交往时所使用的音色、语调、语气、节奏等，它们也是航空旅客了解服务人员的情绪、心境、态度等心理活动的途径；航空服务人员的体态表情主要指航空服务人员的动作、手势等，其也成为航空旅客感知服务人员性格、气质等的客观依据。

3. 通过服务人员的言语来感知　语言是人们表达思想、交流情感的工具。人们常说，闻其言知其人，言语是一个人与他人直接交往时感知他人的重要途径。在航空服务中，航空服务人员的言语，也就成为航空旅客感知航空服务人员的一个重要途径。航空旅客通过航空服务人员的语言来感知服务人员的态度、理解服务人员所要传递的意思和思想。服务人员要努力使自己的用词要准确，表达要清晰，使自己在语言表达上给航空旅客留下一个良好的感知觉印象。

二、影响航空旅客对服务人员感知觉的心理因素

航空旅客对航空服务人员的感知觉除了来自对航空服务人员外表、表情、语言等的直接感知外，还会受到自身心理素质的影响。这些心理因素主要有：

（一）首因效应

首因效应又称第一印象作用，或先入为主效应。首因是指首次认知客体而在脑中留下的"第一印象"。首因效应是指在第一次交往过程中形成的最初印象，即指个体在社会认知过程中，通过"第一印象"最先输入的信息对客体以后的认知产生的影响作用。心理学研究发现，与一个人初次会面，45秒钟内就能产生第一印象。第一印象作用最强，持续的时间也长，比以后得到的信息对于事物整个印象产生的作用更强。首因效应本质上是一种优先效应，当不同的信息集合在一起的时候，人们总是倾向于重视前面的信息。即使人们同样重视了后面的信息，也会认为后面的信息是非本质的、偶然的，人

们习惯于按照前面的信息解释后面的信息，即使后面的信息与前面的信息不一致，也会屈从于前面的信息，以形成整体一致的印象。

第一印象主要是依靠性别、年龄、体态、姿势、谈吐、面部表情、衣着打扮等，判断一个人的内在素养和个性特征。

因此，尽管有时第一印象并不完全准确，但第一印象总会在决策时，在人的情感因素中起着主导作用。在交友、招聘、求职等社交活动中，我们可以利用这种效应，展示给人一种极好的形象，为以后的交流打下良好的基础。当然，这在社交活动中只是一种暂时的行为，更深层次的交往还需要你的"硬件"完备。这就需要你加强在谈吐、举止、修养、礼节等各方面的素质，不然则会导致另外一种效应的负面影响。

首因效应的运用。首因效应职场上到处可见："新官上任三把火""早来晚走""恶人先告状""先发制人""下马威"……都是想利用首因效应占得先机。

在航空服务中，第一印象是航空旅客与航空服务人员初次接触时，航空旅客通过对服务人员的语言、谈吐、举止、仪表等方面形成的印象。不管这个印象是对还是错，它总是以最鲜明、最深刻的方式印在航空旅客的脑中。它不仅影响航空旅客的心理活动，而且还影响服务交往，甚至会影响服务工作能否顺利进行。有些航空公司为了给航空旅客留下鲜明、良好的第一印象不惜代价，在航空服务人员的仪表、言行上

请让我与您同行
［在三万英尺的高空上

花了很大的工夫。在服装、发型、化妆等方面或体现活力，或体现优雅，或体现时尚；在言行上，要求对航空旅客要有甜美、和蔼亲切的微笑和口吻。这样，使航空旅客一见到航空服务人员就能产生一个良好的第一印象，一听到航空服务人员的亲切问话就感到温暖，从而对整个航空公司产生良好的印象。要是航空旅客一旦对航空服务人员产生不良的第一印象后，要想改变它，是十分艰难的，往往要付出比前者大出几十倍的力气，才能动摇其印象。作为航空服务人员一定要重视航空旅客的这一心理因素，要意识到自己给航空旅客的第一印象，不只是简单的个人形象，更重要的是整个航空公司的形象。

（二）晕轮效应

晕轮效应，又称"光环效应""成见效应""光晕现象"，是指在人际相互作用过程中形成的一种夸大的社会效应，常表现在一个人对另一个人（或事物）的最初印象决定了他的总体看法，而看不准对方的真实品质，形成一种好的或坏的"成见"。所以晕轮效应也可以称为"以点概面效应"，是主观推断的泛化、定式的结果。

有时候晕轮效应会对人际关系产生积极效应，比如你对人诚恳，那么即便你能力较差，别人对你也会非常信任，因为对方只看见你的诚恳。

最典型的例子，就是当我们看到媒体上爆出一些明星的丑闻时总是很惊讶，而事实上我们心中相关明星的形象仅仅是其在银幕或媒体上展现给我们的虚幻光晕，而其真实的人格我们是不得而知的，仅仅是推断的。

晕轮效应是一种"以偏概全"的评价倾向，严重者可以达到"爱屋及乌"的程度，即只要认为某人不错，便认为他所使用的东西、跟他要好的朋友、他的家人都不错。流行的"追星族"便是青少年因喜欢某位歌星的某一特征（唱的歌、长相、头发、行走姿势等）而盲目崇拜、追随，甚至不惜代价去搜集歌星使用过的物品。

知识链接

晕轮效应一词由来

晕轮效应最早是由美国著名心理学家爱德华·桑戴克于上世纪 20 年代提出的。他认为，人们对人的认知和判断往往只从局部出发，扩散而得出整体印象，也即常常以偏概全。一个人如果被标明是好的，他就会被一种积极肯定的光环笼罩，并被赋予一切都好的品质；如果一个人被标明是坏的，他就被一种消极否定的光环所笼罩，并被认为具有各种坏品质。这就好像刮风天气前夜月亮周围出现的圆环（月晕），其实圆环不过是月亮光的扩大而已。据此，

桑戴克为这一心理现象起了一个恰如其分的名称"晕轮效应"，也称作"光环作用"。

晕轮效应在航空服务中，表现为航空旅客对航空服务人员和民航各航空公司某些方面较清晰鲜明的印象，从而掩盖了对航空服务人员和民航各航空公司的其他方面的知觉。虽然从认知的角度来看，旅客的晕轮效应并非是全面、正确的，但它是在服务交往中或多或少就已存在，而且它在航空旅客的知觉过程中起着非常重要的作用，它不仅会影响航空旅客知觉的正确性，而且还会影响旅客的行为。比如，当航空旅客在机舱遇到一个服务人员服务态度傲慢、冷漠，就会联想到这个航空公司的其他服务人员的服务态度也不会好，甚至会产生以后不再选择这家航空公司的想法和行为。可见，航空旅客的晕轮效应对服务交往和服务质量都有一定的影响。

（三）刻板印象

刻板印象指的是人们对某一类人或事物产生的比较固定、概括而笼统的看法，是我们在认识他人时经常出现的一种相当普遍的现象。在日常生活中，有些刻板效应与地区、职业、年龄等方面有关。例如，一般人认为法国人浪漫、美国人现实、中国人踏实；山东人直爽而且能吃苦、湖南人能吃辣、东北人能喝酒等等，实际上都是"刻板印象"。刻板印象的形成，主要是由于我们在人际交往过程中，没有时间和精力去和某个群体中的每一成员都进行深入的交往，而只能与其中的一部分成员交往，因此，我们只能"由部分推知全部"，由我们所接触到的部分，去推知这个群体。

刻板印象一经形成就很难改变，因此在日常生活中，一定要考虑到刻板印象的影响。例如，市场调查公司在招聘入户调查的访员时，一般都应该选择女性，而不应该选择男性，因为在人们心目中，女性一般来说比较善良、较少攻击性、力量也比较单薄，

因而入户访问对主人的威胁较小；而男性，尤其是身强力壮的男性如果要求登门访问，则很容易被拒绝，因为他们更容易使人联想到一系列与暴力、攻击有关的事物，使人们增强防卫心理。

"物以类聚，人以群分"，居住在同一个地区、从事同一种职业、属于同一个种族的人总会有一些共同的特征，因此刻板印象一般说来都还是有一定道理的。

但是，"人上一百，形形色色"，刻板印象毕竟只是一种概括而笼统的看法，并不能代替活生生的个体，因而"以偏概全"的错误总是在所难免。如果不明白这一点，在与人交往时，"唯刻板印象是瞻"，像"削足适履"的郑人，宁可相信作为"尺寸"的刻板印象，也不相信自己的切身经验，就会出现错误，导致人际交往的失败，自然也就无助于我们获得成功。刻板印象的例子在我们日常生活中比比皆是。例如，在上世纪70年代的电影中，当一个留着长发，蓄着胡子，戴着墨镜的人物一出现，你就会感觉到这不是一个好人，肯定是一个坏蛋；在日常生活中，当一个仪表堂堂、潇洒的人盗窃或杀人时，你会感到吃惊；或一个你认为十分老实的人突然干了坏事，进了牢房，你往往难以接受这一现实等等。由于刻板印象往往不是以直接经验为依据，也不是以事实材料为基础，只凭一时偏见或道听途说而形成的。因此绝大多数刻板印象是错误的，甚至是有害的。关于刻板印象的特征，有学者将其归纳为：

它是对社会人群的一种过于简单化的分类方式；

在同一社会文化或同一群体中，刻板印象具有相当的一致性；

它多与事实不符，甚至有的是错误的。

民航旅客生活在社会各阶层中，信息渠道多样，对航空服务人员或航空公司的刻板印象，也难免受到各种信息的影响。这些刻板印象从其客观性上看，可分为接近客观事实的和离客观事实较远的。前者有助于航空旅客的感知觉，成为航空旅客了解民航的捷径；后者则容易使航空旅客产生一种错误的知觉。航空旅客一旦形成刻板印象，就会用这样的刻板印象去衡量航空服务人员的服务质量，衡量航空公司，并会因此影响到航空旅客的行为。为此，航空服务人员在服务过程中，要正确对待航空旅客的刻板印象，不要因为旅客的一些远离客观事实的刻板印象而对其采取消极的态度或粗暴的行为，应该用主动热情的态度和优质的服务来改变航空旅客原有的刻板印象，使航空旅客形成新的、良好的印象。

（四）定式效应

所谓思维定式效应是指人们因为局限于既有的信息或认识的思维现象。人们在一定的环境中工作和生活，久而久之就会形成一种固定的思维模式，使人们习惯于从固定的角度来观察、思考事物，以固定的方式来接受事物。

小故事

智商 160 的阿西莫夫

美国科普作家阿西莫夫从小就聪明，年轻时多次参加智商测试，得分总在160左右，属于"天赋极高者"之列，他一直为此而洋洋得意。有一次，他遇到一位汽车修理工，是他的老熟人。修理工对阿西莫夫说："嗨，博士！我来考考你的智力，出一道思考题，看你能不能回答正确。"

阿西莫夫点头同意。修理工便开始说思考题："有一位既聋又哑的人，想买几根钉子，来到五金商店，对售货员做了这样一个手势：左手两个指头立在柜台上，右手握成拳头做出敲击状的样子。售货员见状，先给他拿来一把锤子，聋哑人摇摇头，指了指立着的那两根指头。于是售货员就明白了，聋哑人想买的是钉子。聋哑人买好钉子，刚走出商店，接着进来一位盲人。这位盲人想买一把剪刀，请问：盲人将会怎样做？"

阿西莫夫顺口答道："盲人肯定会这样。"说着，伸出食指和中指，做出剪刀的形状。

汽车修理工一听笑了："哈哈，你答错了吧！盲人想买剪刀，只需要开口说'我买剪刀'就行了，他干吗要做手势呀？"

智商160的阿西莫夫，这时不得不承认自己确实是个"笨蛋"。而那位汽车修理工人却得理不饶人，用教训的口吻说："在考你之前，我就料定你肯定要答错，因为你所受的教育太多了，不可能很聪明。"

实际上，修理工所说的受教育多与不可能聪明之间的关系，并不是因为学的知识多了人反而变笨了，而是因为人的知识和经验多，会在头脑中形成较多的思维定式。这种思维定式会束缚人的思维，使思维按照固有的路径展开。

定式效应在航空服务中的表现是航空旅客对服务人员感知觉时，已经有了一定的心理上的准备或印象，并把这些印象进行归类，从而产生定式的效应。从认知的角度看，航空旅客的定式效应大多是根据以往的经验或过去掌握的一些现象或个别特点，加以推导形成的，它会对航空旅客的心理活动或行为产生一定的影响。

航空旅客的定式效应，可分为有利于服务交往和不利于服务交往两大类。

利于服务交往的，比如有些航空旅客因上次乘飞机接受了良好的服务，就会产生这家航空公司服务不错的定式，并成为他的经验，在这次乘飞机时便会对航空服务人员采取友好、尊重的态度；不利于服务交往的，如上次乘飞机接受了糟糕的服务，形成了航空公司服务质量差的定式，在这次乘飞机时面对航空服务人员就可能采取消极的态度，或可能因航空服务人员不能满足其要求而强化原有的定式：航空公司服务质量就是差。

航空旅客的不同心理定式会产生不同的效应，从而对其知觉、心理和行为产生影响。把握好航空旅客的这一心理特点，尤其是对一些远离客观事实的定式或不利于服务工作的心理定式，我们航空服务人员在思想上应该有所准备，努力用优质的服务消除航空旅客的这些心理定式，而不是采取消极的态度，造成服务上的障碍。

第三节　航空服务人员对航空旅客的感知觉

航空服务人员的感知觉，既包括在航空服务过程中对航空旅客的直接感知觉，也是指在服务交往过程中，服务人员自身心理因素对航空旅客的感知觉。航空服务人员对航空旅客的感知觉对航空服务的质量有着非常重要的作用。如果航空服务人员能正确地感知航空旅客，不仅会减少服务工作的失误，更可以为航空旅客提供优质的服务。

一、航空服务人员对航空旅客的直接感知

航空服务人员对航空旅客的直接感知，是指对航空旅客的外表、情绪、言行等方面的直接感知，并由此来推测航空旅客的心理活动，以提供相应的服务。

通过航空旅客的外表感知　在航空服务中，航空服务人员对航空旅客的感知首先也就来自于航空旅客的外表，比如旅客的服饰、装束、发型等。对这些特征的感知，可以使航空服务人员了解航空旅客的性别、年龄、职业、文化程度等，形成对航空旅客的初步印象。

通过航空旅客的表情感知　航空旅客的表情是航空服务人员对航空旅客感知的重要途径。通过航空旅客的言语表情、面部表情、体态表情等来感知其心理活动，了解他们的思想、情感、情绪、性格、气质等等，从而为航空旅客提供优质服务。

小故事

理解万岁

一次飞深圳至北京航班时，我见一位中年妇女歪在椅子上睡着了，我怕她着凉，拿了一条毛毯，轻轻地为她盖上。未曾想惊醒了她。她对我骂道："小赤佬，干什么？"我连忙解释，她根本不听。后来在送饮料时，我见这位乘客面色憔悴，眼圈发黑，情绪低沉。我想她肯定缺少睡眠，心绪不佳。在送饮料返回时，我便主动诚恳地对她说："实在对不起，刚才惊醒了您！"她也十分不好意思，连连说："怪我不好，向你道歉。"由于我对她的理解，及时的道歉感动了她，我们互相得到了理解。她临下飞机时，主动向我招呼，迸出了一句"理解万岁"。

通过航空旅客的言语感知　言语是一个人与他人直接交往时感知他人的重要途径。在航空服务中，航空旅客的言语是航空服务人员感知航空旅客的一个重要途径。因此，航空服务人员要努力使自己准确理解航空旅客的言语所要表达的意思，对航空旅客形成正确的感知觉。

二、航空服务人员自身心理因素对航空旅客的感知觉

在航空服务中，航空服务人员自身的心理因素也会影响对航空旅客的感知觉，从而对航空服务产生很大的影响。航空服务人员自身的心理因素对航空旅客的感知觉主要有

对航空旅客的首因效应和定式效应。

（一）航空服务人员对航空旅客的首因效应

航空服务人员对航空旅客的首因效应，是在航空服务过程中，航空服务人员通过对旅客的外表、面部表情、语言行为等方面而获得的第一印象。这第一印象对航空服务人员的感知觉有着一定的影响，还可能影响到航空服务人员的态度。当航空服务人员对某一航空旅客有着良好第一印象时，一般来讲，就会主动、热情地为其服务。相反，如果遇到一位衣冠不整、举止粗俗的旅客往往会产生一种厌恶心理，形成抵触情绪，从而不会主动为其服务，或不予以理睬。"我看他就不顺眼，就不想理他"等等，这就是由航空服务人员对航空旅客的第一印象，也就是首因效应而引起的结果。

航空服务人员的这种首因效应会给航空服务工作带来一定的困难。所以，作为航空服务人员必须充分认识到这一点，要努力克服自己首因效应的缺陷，不能看人服务，更不能因为对某个航空旅客第一印象不好，而故意怠慢，从而影响服务质量，影响机场或航空公司的声誉。

（二）航空服务人员的定式效应

航空服务人员对航空旅客的定式效应，是航空服务人员在以往的服务过程中所形成的某种经验或看法，并将这种经验或看法进行了推论，而形成的一种心理上的准备。

飞行员驾驶飞机，十分强调操作的规范化、程序化。因为只有规范化，才能保证动作的准确性，保证飞行安全。只有操作的程序化，才能保证驾驶中减少差错遗漏。同样，航空服务人员的工作也应该强调工作的规范化、程序化，以减少工作中的忙乱和差错遗漏，提高服务质量。规范化、程序化服务是对航空服务人员的起码要求，但由于航空服务人员服务的对象是各种各样的人，这些人有各种各样的要求，所以提高服务质量又必须强调个性化服务。程序化服务是着眼于所有航空旅客的共性要求而制定的，而个性化服务是程序化服务的延伸，更加细化，更加具体，更加贴近各种航空旅客的要求，更能体现服务质量。

在航空服务中，因为每天要接触大量的航空旅客，时间一长，这些航空旅客在航空服务人员心中便渐渐地会变得无个性、无区别，这样就造成了无论航空旅客怎么变化，航空服务人员都是千篇一律地用一种方式去对待他们。但航空旅客是一个个具体的、活生生的、有个性的人，我们的乘客中有中国人、外国人，有男有女、有老有少，有学者、专家、政府官员、企业家……由于他们的国籍、民族、性别、年龄、文化修养、心理素质、社会阅历、嗜好、习俗等等的不同，服务的需求也不同，可以说千差万别。作为一名航空服务人员，要明白我们的服务对象是一个个具体的、有个性的人，要根据航空旅客的不同特点，采取有针对性的、个性化的服务，才能做到让每一位航空旅客对我们的服务感到满意。

读一读

南航海南公司的服务理念——"追求旅客满意最大化"

作为一名乘务员，应该按照旅客的需求不断变换自己的角色。面对不同的服务对象时角色的定位：对于老人、孩子、病人等弱势群体，你应该充当亲人、医生和护士的角色，对之给以无微不至的爱与关怀和训练有素的照看与护理，让他们体验亲情和温暖；对年轻人及第一次乘机的旅游团体，你就是一位真诚的朋友，出色的导游，充分展示你的魅力，让他们体验真挚的友情，享受愉悦的旅程；对于乘坐头等舱、公务舱的要客，你应该是称职的秘书，善解人意，精干的公关小姐，尽可能地发挥你的才华，尽可能地应用你的智商、情商，让旅客感受我们的文化、我们的品位。总之，对不同的旅客，需要你不同的角色定位，能找准你的位置，将你的角色作用发挥到极致，你就是成功的，你就是当之无愧的最出色的空中小姐，你将成为公司的掌上明珠，成为企业的宝贝。

思考与练习

1. 什么叫感觉？什么叫知觉？各有哪些类型？

2. 影响航空旅客感知觉的因素有哪些？

3. 举例说明什么是晕轮效应、什么是刻板印象、什么是心理定式。

4. 案例分析：一天，在某机场餐厅，服务员小张正在接待一位英国先生。这位英国先生点燃了一支香烟，边吸边拿着菜单点菜。小张站在一旁等候，忽然，她感到这位先生开始左顾右盼，仔细观察，原来先生烟头上的烟灰已经很长了，她马上说了声："对不起！"立即紧走几步，到服务台上把烟灰缸拿过来，放在先生手下。只见先生手一动，烟灰不偏不歪地正好弹在刚刚放下的烟灰缸里。就餐完毕，英国先生离去。可是他走出几步后，又返回来了，冲着小张微微一笑，认真地说："小姐，我下次来机场，还在你们餐厅就餐！"

请思考：这位英国先生为什么还要来这个餐厅就餐呢？试用影响航空旅客对服务人员感知觉的心理因素加以分析说明。

第四章　航空旅客的需要与服务

教学目的　1. 了解民航旅客的各种需要。
　　　　　　2. 明确民航服务的内涵与本质。
　　　　　　3. 明确民航服务人员的工作职责，为从事民航服务工作做好充分准备。

案例导入

　　下面是一封旅客的表扬信，表明了国航首都机场行李查询服务质量在不断的提高。

　　我在外交部工作。今年 10 月 20 日结束在新加坡的半年学习乘国航 976 航班回国。当我在行李大厅望眼欲穿地等到几乎最后一件托运行李出现时，才发现我有一件行李可能根本没上本次飞机，因为我压根就少了一张行李票。我当时的第一反应就是"找不回来了"。这件行李的自身价值不算高：一个伴随我在异国他乡拍下无数照片的高级三脚架和几件零星日用品。但若弃之，总是不免遗憾。在同事鼓励下，怀着"死马当活马医"的侥幸心理，我找到了北京首都机场中国国际航空公司地面服务部行李查询办公室，当班工作人员热情耐心地接待了我，当然也说明了这件行李"失而复得"的难度，对此我十分理解，因为我没有任何凭证。

　　令我吃惊的是，三天后我收到了机场打来的电话，说东西找到了，即日从新加坡运来。第二天又通知我东西已到北京。更令我吃惊的是，当我与机场商量自取的方式时（因为我想象不到还有其他可能的方式），得到的答复竟是可以"送货上门"！现在"死马"不仅变成了"活马"，而且已被送到了主人身边。

　　对此我感慨很多。我高兴的不完全是我心爱的三脚架失而复得，而是从中看到了我们祖国的无限希望。我加入外交队伍三十余年，长期在发达国家工作，对祖国所取得的每一点进步有着常人体会不到的欣慰和激动。但很长一段时间里，对比一些发达国家的优质服务，对国内服务业的一些不尽如人意之处只好急在心里。我在新加坡学习期间，有一天课堂上老师让我们举例说明自己曾经历过的"一次十全十美的服务"时，我想了半天还是举了一个在国外的例子，可心里却说"要是国内也能这样多好"。这件事以后，我可以自豪地告诉世人：我经历了一次最十全十美的服务是在我的祖国的首都——北京国际机场。

　　我非常感谢 20 日接待我的那位工作人员（是位女士，可惜我不记得她的尊姓了，所附登记单有其笔迹可查），她的热情服务让我即使找不到失物也会感到阵阵的温暖。但更让我感慨的是，此事说明，一个与国际接轨的优质服务体系已在我国建立起来，这才是最为鼓舞人心的。

　　首都机场是祖国的窗口，我向机场领导和全体职工表示衷心的感谢，并由衷地祝愿她越办越好。

　　民航服务的本质，就是要满足旅客的需要，只有把握好旅客的所想所需，我们才能有长足的进步，才能为航空公司赢得良好的声誉和客源，提高航空公司在市场中的竞争力。

第一节　需要的含义及需要层次理论

一、什么是需要

我们人类在早期社会生活中，从维持生存和延续后代的需求出发，产生了最初的需要。饿了就需要食物；冷了就需要衣服；累了就需要休息；然而仅仅是温饱的需要还不够，为了生存和发展还必然产生社会需求。例如，通过劳动创造财富，改善生存条件；通过人际交往，沟通信息，交流感情，相互协作。这些生理需求和社会需求反映在个体的头脑中，就形成了我们的需要。随着人类社会生活的日益进步，为了提高物质文化水平，逐步形成了高级的物质需要和精神需要。为了这些需要或需求，人们就必然去追求、去争取、去努力。因此，正如一些心理学家所说："需要是积极性的源泉""需要是人的思想活动的基本动力"。没有它的存在，人的行为，尤其是有意识目的的行为就不可能发生。

人的需要多种多样。按需要的属性，需要可分为生理性需要和社会性需要。

生理性需要是人与生俱有的。它反映的是人对延续生命、繁衍后代所必须的客观条件的需要。生理性需要，人和动物都有，但有本质的区别。

社会性需要是人类特有的。科学文化知识需要，艺术需要，道德需要以及劳动工具、生活用品、学习用品的需要等，都是人的一些社会性需要。人的社会性需要是在社会生产、社会交往、社会生活中形成的。生活在不同历史时期、有不同政治经济制度、不同文化背景、不同阶级和不同风俗习惯中的人，其社会性需要会有所不同。按照需要的对象，可将需要分为物质性需要和精神性需要。

物质性需要，包含吃、穿、用、住、行、劳动工具、文化用品等方面的需要。随着历史的进步，人的物质性需要的内容、种类、表现形式会不断趋向丰富和复杂。

精神性需要属于更高级的需要。如参加科学文化知识学习、参加社会活动、进行品德修养、培养审美情趣等，都属精神性需要之列。同样，生活在不同历史时代、不同政治经济制度、不同阶级与民族、不同文化背景中的人，精神需要也会有所不同。随着社会生产力的日益发展，人的新的精神性需要会不断产生。

二、需要层次理论

关于人的需要，国外的心理学家们进行了大量的研究，提出了许多有价值的理论。其中美国著名人本主义心理学家马斯洛的需要层次理论，比较系统、全面、有层次地概括和分析了人们的多种多样的需要。他认为人有五个层次的需要：生理需要，安全、保障需要，社交、归属需要，尊重需要，自我实现需要。需要的这五个层次，是一个由低到高逐级形成并逐级得以满足的。生理需要与安全、保障需要被称为较低级的需要，而社交、归宿需要、尊重需要与自我实现需要被称为高级的需要（如图）。

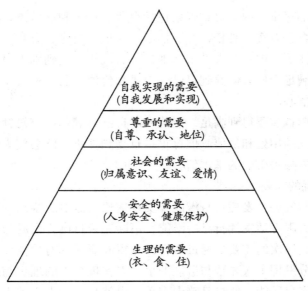

马斯洛需要层次理论图

（一）生理需要

指维持人类自身生命的基本需要，包括食物、水、住所和睡眠以及其他方面的生理需要。马斯洛认为"人是永远有需求的动物"，在一切需要之中生理需要是最优先的。如果一个人为生理需要所控制，那么其他需要均会被推到次要地位。"对于一个处于极端饥饿的人来说，除了食物没有别的兴趣。"

（二）安全需要

安全需要，是对安全、秩序、自由、稳定及受到保护的需要。当人的生理需要获得基本满足后，安全的需要即会出现，即成为主要需要，这是一种免于身体危害的需要。我们需要人身安全，需要财产安全……安全需要包括许多方面：心理安全，希望解脱严酷监督的威胁，避免不公正的待遇等等；劳动安全，希望工作安全、不出事故，环境无害等等；职业安全，如希望免于天灾战争、破产等；经济安全，希望医疗、养老及遭遇意外时有保障。这种需要得不到满足，人就会感到威胁与恐惧。目的是降低生活中的不确定性，保障生活在没有危险的环境中进行。

（三）社会需要

社会需要包括归属、交往和爱的需要，其含有两方面的内容：一为爱的需要，即人都希望伙伴、朋友之间的关系融洽或保持友谊和忠诚，希望得到爱情，也渴望接受别人的爱；一为归属的需要，即人有一种归属感，都有一种要求归属于一个集团或群体的感情，希望成为其中一员并得到相互关心和照顾。归属、交往和爱的需要比生理需要来得细致。它和一个人的生理特性、经历、受教育状况、宗教信仰等都有关系。这种需要是难以察悟、无法度量的。

（四）尊重需要

人的社会需要一旦得到满足，他们就要求自觉地受到别人的尊重。尊重的需要可以分为内部尊重和外部尊重。内部尊重因素包括自尊、自主和成就感，是一个人希望在各种不同的情境中，自己有实力胜任，充满信心；能独立自主，有自尊心。外部尊重因素包括地位认可和关注等，即一个人希望有地位、有威望，受到别人尊重、信赖及高度评价。这种需要得到满足会使人体验到自己的力量和价值，而这种需要得不到满足会使人产生自卑和失去自信心。

马斯洛认为，尊重需要得到满足，能使人对自己充满信心，对社会满腔热情，体会到自己生活在世界上的用处和价值。但尊重一旦受到挫折，就会使人产生自卑感、软弱感、无能感，会使人失去生活的基本信心。

（五）自我实现的需要

指个人的成长与发展、发挥自身潜能、实现理想的需要。这是一种追求个人能力极限的内驱力，能最大限度地发挥自己的潜能，不断完善自己，完成与自己能力相称的一切事情，是人类最高层次的需要。通过做自己觉得有意义、有价值、有贡献，这又与个人能力相称、能充分发挥个人才智与潜能的事，以实现个人的理想与抱负。有自我实现需要的人，似乎在竭尽所能，使自己趋向完美。也就是说，人必须干称职的工作，是什么样的角色，就应该干什么样的事。音乐家必须演奏、画家必须绘画、诗人必须写诗，这样才会使他们得到最大的满足。

马斯洛认为，低层次的需要，如生理、安全等需要，是直接关系到个体生存的需要，所以又叫"缺失需要"；而高层次的需要，如尊重和自我实现的需要，不是维持生存所必须，而是建立在人的潜能发挥、成就获得基础上的需要，是人成长、成熟的表现，所以，又叫"成长需求"。

人类这五类基本需要不是同时并列存在的，而是按层级次序逐渐出现的。低层次的需要得到一定程度的满足后，高层次的需要才会出现。而需要由低层次向高层次发展，实现的比例将是越来越少。据估计，在现代文明社会中，五类需要得到满足的比例是：生理需要约85%、安全需要约70%、爱与归属需要约50%、尊重需要约40%、自我实现需要约10%。

马斯洛对人类需要进行系统研究，把千万种人类需要归纳为五个层次，并就五个层次需要的内容和层次间的关系作了详细阐述。参考马斯洛的需要理论，同时结合航空服务工作中航空旅客的不同需要，把握好旅客需要的特点，才能努力作好航空服务工作。

第二节　航空旅客的服务需要

航空旅客的需要既有一定程度的差异性，又存在着一定的共性。为此，航空服务要顾全整体、满足个别，最大限度地提高旅客的满意度。

读一读

上乘服务需要细心倾听

柏栩栩是一名清华大学外语系的普通毕业生。

他（左三）希望北京能给所有的"洋"朋友都留下完美的印象。

柏栩栩说，在2005年"十一"前夕，他被公司派往菲律宾出差。在机场换取登机牌的时候，他听到排在自己前面的几位美国人正在抱怨着什么。因为他们不时地用异样地语气提到"China"这个让他十分敏感的词汇，他就留心听了这几位外国客人的"点评"。原来这些外国朋友正在议论上次乘坐飞机时的感受。几位外国客人认为自己虽然购买了商务舱，却没有享受到应有的舒适，和他们同坐一个舱位的中国乘客，一直在机舱内大声喧哗，吵得他们没法休息。但飞机上的空乘人员并没有对这种行为加以阻止，他们也不好公开表示不满，所以对于那次的飞行感到非常地不满。此外，按照国际惯例，除了登机的时候需要更换登机牌外，在进入机舱的时候，机上的空乘人员应该再次检查他们的登机牌。但是我们的空乘人员却并没有这样做，这也引起了那几位外国客人的不满，他们觉得，这样的行为是对他们安全的不负责任。"听到外国朋友这么多的不满，我感到非常遗憾。"柏栩栩说。我们有一句古话叫："兼听则明"，我希望大家尤其是我们的服务行业都能多学学、多看看，特别是多听听这些外国客人的意见、忠告甚至是抱怨，及时改正错误，提高服务的质量水平，让我们的社交礼仪更加国际化。只有这样，我们才能全面做好2008年北京奥运会的接待工作。柏栩栩相信如果我们真的用心去倾听了，那么我们的服务一定能更加上乘。（资料来源：北京娱乐信息报）

本案例让我们明确航空服务需要了解航空旅客的需求，而要了解航空旅客的需要，倾听是一种了解的途径。

航空旅客的需求是多种多样的，具体而言主要有：

一、航空旅客对饮食的需要

食物是满足人类最基本的需要，对航空旅客来讲，飞机上不同口味的食物显得尤为重要。很多旅客对飞机上提供的餐饮的种类、口味很在意，期望值较高。他们关心饮料的种类是否齐全，饭菜是否卫生，口味是否可口。特别是对于那些长途旅客来说，令其满意的餐饮是他们长途旅行不可缺少的重要部分。航空公司在注重提高飞机的型号、性能、技术等硬性指标的同时，应加强航空公司食品改革的力度，在思想意识上提高对它们的重视，改变航空公

司多年来机上食品花色品种一成不变的状况，花心思研究旅客的食品需求与喜好，最大限度地满足旅客的需求。

二、航空旅客对安全的需要

旅客在乘坐飞机时，最关心的应该就是自身的人身安全了。很多人都会认为飞机是危险的交通工具，受传统偏见的影响，人们普遍感到坐飞机不安全。很多人乘坐飞机时会有不同程度的焦虑感和紧张感，心中盼望尽快到达终点。除此之外，在旅行过程中，对人身的安全、财物的安全需要也是很强烈的。为此，航空公司要提高安全意识，加大管理力度，不仅要提高飞行员、地面技术人员的业务能力与素质，严把飞行关，也要加强对机上乘务人员安全知识的培训，使她们掌握相关的飞行业务知识，及时解答旅客的困惑，缓解旅客的紧张，满足旅客的安全需要。

读一读

寻找烟头

一次在南昌飞北京的航班中，巡视客舱时我与一位刚从洗手间出来的旅客相对走来，远远的，我闻到一阵烟味，我立刻问他是不是抽烟了？烟头扔在哪里？他一脸坦然："对，我是抽烟了，不过你放心，我已经将烟头处理好了，不会着火的。"听了他的话，我简直哭笑不得，烟头是引起客舱起火的原因之一，飞机是一个全密封性空间，四周都有氧气瓶，因此只要点燃火源就有着火的可能性。烟头是否妥善处置将事关全机旅客的生命安全，我立刻严肃地再次追问他烟头的下落，并简要说明了可能造成的严重后果。他听后也意识到了问题的严重性，有些紧张地说："我就扔进垃圾筒了，但已用水熄灭了烟头，应该没关系。"还没等他说完，我快步走进洗手间，顾不上垃圾筒的脏，就开始在垃圾筒里翻找起烟头来。终于找到烟头了，我悬着的心才放下了。看着我在垃圾里用手翻找，那个旅客觉得很不好意思，一再向我道歉，并表示今后不会再在机上吸烟了。虽然虚惊一场，但如果旅客没有完全把烟头熄灭，如果我没有发现旅客抽烟，那等到烟雾报警器工作时可能就已经很被动了。

相关链接

根据航空安全需要，中国民用航空局2008年4月7日决定，从即日起禁止旅客随身携带打火机、火柴乘坐民航飞机（来源：民航总局网站）

三、航空旅客对方便快捷的需要

现代航空的三大优点：快速、安全、舒适。在现代社会，"时间就是金钱""时间就是生产力"的观念深入人心。为了节省时间、提高工作效率、提高生活质量，人们倾向于把速度快、便利的飞机作为交通工具。飞机必须保证准时、高效、快捷，否则它的优势将大打折扣。许多航空公司为提高服务质量树立良好形象，花大力气、下大工夫在诸多环节加强管理、改善服务，力求满足旅客的这一需求，达到旅客的满意，获取良好的赞誉。

相关链接

四、航空旅客对舒适度的需要

旅客出门在外，除了需要安全、快捷，还希望整个旅程充满温馨与舒适。特别是航空旅客，他们对航空服务普遍寄予了较高的期望，希望物有所值，希望得到更加人性化的关怀和服务。

五、航空旅客对尊重的需要

随着社会的发展、社会文明程度的提高、人们自主意识的加强，可以说，航空旅客对尊重的需要是越来越强烈了。航空旅客作为消费者，在消费过程中希望能够获得服务人员的理解和尊重、关心和帮助。其直接的表现方式就是航空服务人员为其提供周到、细致的服务的人性关怀，希望自身的价值得到认可和尊重，自己的主体地位得到体现，从而实现自我肯定，实现自我发展的需要。

读一读

把遗憾留给自己，把美好留给客人

成都双流机场贵宾服务部自组建以来即秉承"超前、个性、细微、充满灵性"的服务理念，用心与爱为来到这里的旅客搭建一方温馨天地，她们被旅客亲切地称作"贵花"（贵宾部之花），巧合"桂花"之意，这里的"桂花"四季飘香，为旅客的心注入丝丝甜意。

今年 5 月底的一天，从一早就下着大雨，分队长赵静在贵宾中心待命，看见门口停了一辆救护车，车上是一位外国的中年男子。她随即了解到这位先生患有脑偏瘫正在做恢复治疗，要在双流机场转机。当看见他的行动不便，又在下雨时，赵静立即和同事吴亚妮推来轮椅，考虑到坐在轮椅上脚也容易被淋湿，赵静马上拿来鞋套为外国友人将鞋子套上，并和同事们一起撑着伞将客人送上飞机，安顿好行李才放心离去，而做完这些的时候，姑娘们早已浑身湿透。但是对于她们来说，能得到旅客的一声感谢，就是对自己工作最大的支持。

"把遗憾留给自己，把美好留给客人"是双流机场管理中心贵宾服务部的服务人员时刻挂在嘴边的一句话，他们也正用自己的言行与微笑实现着承诺：为旅客想得多一些，更多一些，把自己的工作做得细一些，更细一些。

第三节　特殊航空旅客的服务需要

特殊旅客是在年龄、身体、身份地位等方面情况比较特殊，有别于其他旅客的旅客。因为他们的身份特殊，进而也会提出较为特殊的服务需要。根据实际情况，我们对特殊旅客进行了一定的归纳与分类，总结出以下几种情况：

一、老、弱旅客的服务需要

人到老年，体力、精力开始衰退，生理的变化必然带来心理的变化。老年人在感觉方面比较迟钝，对周围事反应缓慢；活动能力逐渐减退，动作缓慢，应变能力差。老年人由于年龄上的差异与青年人想的不同，因而心境寂寞，孤独感逐步增强。尽管老年人嘴上不说，但他们的内心更需要别人的关心帮助。因此，空中乘务员为老年旅客服务时要更加细致，与老年旅客讲话时语速需要略慢、声音要略大，经常主动关心、询问老人需要什么帮助，洞悉并及时满足他们的心理需要，尽量消除他们的孤独感。

体弱的旅客由于身体的原因自感不如他人，暗暗伤心，但同时他们又有很强的自尊，不愿意求别人帮助自己。因此，样样事情都要尽自己最大的力量去做。作为空中乘务员应尽可能多地去关心他们，而又要不使他们感到心理压力，对他们携带的行李物品，要主动协助提拿，关心他们的身体状况，消除他们对坐飞机的恐惧感。

二、病、残旅客的服务需要

病、残旅客，是指有生理缺陷的旅客及在乘机过程中突然发病的旅客。这些人较之正常人有特殊困难，迫切需要他人帮助。但是他们自尊心都极强，一般不会主动要求乘务员帮忙，总是要显示他们与正常人无多大区别，不愿意别人讲他们是残疾人，或把他们看成残疾人。

对此，空中乘务员要了解这些旅客的心理，特别注意尊重他们，最好悄悄地帮助他们，让他们感到温暖。

三、儿童旅客的服务需要

儿童旅客的基本特点是：性格活泼、天真幼稚、好奇心强、善于模仿、判断能力较差、做事不计后果。

鉴于儿童旅客的这些特点，空中乘务员在服务时，尤其要注意防止一些机上不安全因素的发生。如：要防止活泼好动的小旅客乱摸乱碰飞机上的设施；航班起飞、降落时要注意防止小旅客四处跑动；给小旅客提供热饮时，要防止他们碰洒、烫伤等。无人陪伴的儿童，航空公司根据协议，最好派专门乘务员主要负责照看，以防出意外。

四、初次乘机旅客的服务需要

初次乘机旅客的心理，一般来讲主要是好奇和紧张，因为民航运输，毕竟不同汽车、火车、轮船的运输，人们不是常见、常坐。因此，初次乘机者对机上的一些设备、环境等都十分感兴趣，并带着一种好奇心去探索一切。

为满足初次乘机旅客的新奇感，空中乘务员要主动为他们介绍本次航班的情况。如：机型、飞行高度、地标等，以满足他们的好奇心。首先，初次乘机的旅客缺少乘机知识，空中乘务员要主动、耐心地介绍，不要指责或嘲笑他们，避免使旅客感到不必要的内疚和尴尬。其次，初次乘机的旅客内心比较紧张，对飞机这种交通工具的安全性不很放心，空中乘务员要针对这种心理，一方面，介绍飞机是在所有交通工具中比较安全的，请他们放心；另一方面，亲切地与他们交谈，询问他们此行的目的，以分散他们的紧张心情，使他们感觉到乘坐飞机是安全舒适的。

五、重要旅客的服务需要

一般来讲，重要旅客有着一定的身份和地位。他们比较典型的心理特点是自尊心、自我意识强烈，希望得到一种应有的尊重；与普通旅客相比较，他们更注重环境的舒适和接受服务时心理上的感觉；同时，由于乘坐飞机的机会可能比较多，他们在乘机过程中会有意无意地对机上服务作比较。

空中乘务员为他们服务时要注意态度热情、言语得体、落落大方，针对他们的心理需求采用相应的服务。例如：当重要旅客一上飞机，就能准确无误地叫出他们的姓氏、职务；当重要旅客递给空中乘务员名片时，应当面读出来，这样可使重要旅客有一定的心理满足感；同时，在提供周到的物质服务的前提下，更应该注意与重要旅客精神上的沟通和言语上的交流，使重要旅客的整个行程都沉浸在愉悦的心情之中。

随着社会的发展、社会文明程度的提高、人们自主意识的加强，可以说，旅客对尊重的需要是越来越强烈了。航空旅客作为消费者，在消费过程中希望能够获得航空服务人员的理解和尊重、关心和帮助。其直接的表现方式就是航空服务人员为其提供周到、细致的服务和人性关怀。旅客希望自身的价值得到认可和尊重，自己的主体地位得到体现，从而实现自我肯定，实现掌握发展的需要。

六、国际旅客的服务需要

随着对外开放的广泛化，来我国参观、旅游、考察、工作的外国人逐年增加，中国古老灿烂的文化对他们有着强烈的吸引力。但是很多外国人不懂汉语，在交流上存在着语言障碍。在旅行过程中，特别是在一些突发情况下，如航班延误等，往往会给他们带来许多麻烦。因此，在航空服务人员为国际旅客服务时，要了解他们此行的目的，用较熟练的外语与他们交谈，态度要和蔼热情、不卑不亢，语言得体，对外宾和内宾一视同仁，以免造成不应有的麻烦。

读一读

旅客的意见卡

有位旅客在意见卡上这样写道：我很现实，比几年前更加现实。我已经习惯使用好的东西。因为我有钱了，我已经习惯享用好的服务，因为我的要求提高了。我是很自我、很骄傲的人。你们必须亲切友好地招待我才会不伤害我的自尊。你们要感激我，因为我买你们的产品和服务，我是你们的衣食父母。我是一个完美主义者，我花钱就要得到最好的。你们的产品或服务使我不满意，我会告诉别人影响他们。你们有缺点才让我不满意，所以必须找出缺点加以改进，否则你们留不住我这个顾客，甚至连我的朋友都不再向你们购买。我可是一个说一不二的旅客，其他公司都在不断地提供更好的服务。我现在是你们的顾客，但是你们必须不断让我相信：选择你们是正确的，否则我会选择别人，为了留住我这位顾客，你们必须提供更好的服务。

可以说，服务无小事，从小事到大事，到处都能体现出旅客的尊重需要。

思考与练习

1. 人最基本的需要是什么？满足了最基本的需要，人又会追求哪些新的需要？
2. 人的社会性需要包括哪些？
3. 旅客乘坐飞机，对民航所提供的服务属于何种需要？
4. 如果你是配餐部负责人，请你思考如何改善航空配餐。
5. 加入星空联盟对国航有哪些发展的优势？对旅客来说，航空公司加入星空联盟有何优点？

第五章　航空旅客的个性心理特征与服务

教学目的　1. 掌握气质、性格和能力的基本知识。
2. 了解不同个性类型旅客的个性特点。
3. 学会根据航空旅客的个性心理特征有针对地做好航空服务工作。

案例导入

我的包里装有炸药

"我的包里装有炸药"，在飞机起飞前，一旅客大声对空姐说。

昨日，厦门机场警方通报称，14 日下午 2 时 35 分，机场派出所接到现场运行中心紧急报告，因飞往张家界的 CZ3980 航班机组怀疑旅客詹某的行李中有炸药，要求相关部门排除险情后飞机才能起飞。

机场警方随即进行核查，确认詹某的行李中并没有炸药。警方目前已查实，詹某是由于对空姐不满，发泄情绪才谎称行李中有炸药。

对于案发过程，警方介绍，当时詹某放在飞机行李架上的一个塑料袋中装有几罐茶叶，

因为没放好，空姐在整理行李架时茶叶罐滚了出来；空姐要求詹某把行李放好，詹某则要求空姐替自己放。

据介绍，空姐称不清楚行李中装的什么东西，坚持要求詹某自己放，不耐烦的詹某便对空姐说，包里装的是炸药；出于职业敏感，机长认为要确认詹某行李中没有炸药后飞机才能起飞。

詹某被强制带下飞机，警方认为，在特定场合，詹某讲了"炸药"这个敏感字眼，导致机组人员产生恐慌心理，造成了很坏影响，其行为扰乱了公共秩序，决定依法对其处以拘留 5 日。

一个人的心理活动，总是带有自己的特点，而且这些个体心理活动的特点还会以某些形式固定下来，使这些特点带有经常、稳定的性质，心理学上把在某个人身上经常地、稳定地表现出来的心理特点的总和称作个性。每个人不同的能力、气质、性格上的特点，构成了人们心理上的差异，即个性心理特征。上述案例中的詹某，因为不满空姐的服务态度，而谎称行李中有炸弹，就是其个性使然。要是换作另外一种个性的航空旅客，也许就不会采取这种处理问题的方式，说出那么极端的话了。

第一节　个性的含义和心理特征

个性是个人所持有的特点，世界上不存在两个相同个性的人。例如，在能力上的差异：有人从小表现出超人的音乐才能，有人则在数学才能上出类拔萃，这些是标志人在完成某种活动时潜在可能性的特征。有人做事快速灵活，而有人则做事迟钝稳重，这种在心理活动的强度、速度、稳定性、灵活性上的差异，是高级神经活动在人的行为上的

表现，称之为气质。有人内向、有人外向，或有人活泼开朗、有人则沉默寡言，这表示人在对现实态度和相应的行为方式上的差异，被称为性格特点。一个人的个性常体现在气质、性格、能力等方面。

一个人的个性，一部分是天生的，生而有之，这部分极其稳定，如气质；另一部分是在社会生活中形成和发展而成的，也较稳定，但在某些特定的条件下也能发生变化，如性格、能力等。

一个人的个性结构系统主要包括气质、性格与能力等成分。不同成分从不同侧面反映着个性的差异。其中，气质是体现在高级神经活动类型上的差异；性格是体现在社会道德评价方面的差异；能力则体现人的综合素质与自我发展的差异。

一、气质

气质是人的个性心理特征之一。它是指在人的认识、情感、语言、行为中，心理活动发生时力量的强弱、变化的快慢和均衡程度等稳定的动力特征，即气质是心理活动表现在强度、速度、稳定性和灵活性等方面动力性质的心理特征。

气质相当于人们日常生活中所说的脾气、秉性或性情，它与日常生活中人们所说的"脾气""性格""性情"等含义相近。

（一）气质的类型

早在公元前 5 世纪，气质这个概念由古希腊医生希波克拉底提出来的，后来罗马医生盖仑作了整理。他们认为人有四种体液——血液、黏液、黄胆汁和黑胆汁。这四种体液在每个人体内所占比例不同，从而确定了胆汁质（黄胆汁占优势）、多血质（血液占优势）、黏液质（黏液占优势）、抑郁质（黑胆汁占优势）四种气质类型。他们认为四种体液谐调，人就健康，四种体液失调，人就会生病。机体的状态定于四种体液混合的比例。这种体液的混合比例在希腊语中叫做"克拉西斯"。希波克拉底开创的气质四种类型说，之所以被沿用到现在，是因为其一，这一学说试图从化学元素方面探讨气质的生理机制，为以后的气质研究开辟了一条希望之路；其二，他们对四种气质类型的分析一定意义上符合实际情况，具有一定的现实意义，在各个历史时期都可以找到典型人物。

（二）四种气质类型的特征

胆汁质　感受性低而耐受性较高，反应的不随意性占优势，外倾性明显，情绪兴奋性高，抑制能力差；反应速度快，但不灵活。这类人精力旺盛、态度直率、激动、热忱，情绪易于冲动，心境变换剧烈，脾气暴躁，不稳重，好挑衅，情感产生快、强烈而外露，言语行为快捷有力，易兴奋，自制力差，性急粗心，可塑性差，缺乏耐心。有很高的兴奋性，行为上表现出不平衡。

多血质　活泼、好运动、敏感，反应迅速，喜欢与人交往，注意力容易转移，兴趣容易变换。这类人具有很高的灵活性，善于交际，外部与众不同明显，反应迅速快而灵活，感受性低而耐受性较高，不随意的反应性强；具有可塑性和外倾性，很容易适应新的环境。在集体中容易处事，朝气蓬勃，姿态活泼，表情和语言生动而具有感染力，有较高的主动性。在活动中表现出精力充沛，有较强的坚定性和毅力。

黏液质　感受性低而耐受性高，不随意的反应性和情绪兴奋性均低；内倾性明显，外部表现少；反应速度慢，具有稳定性。这类人安静、稳重、反应缓慢、沉默寡言，情绪不易外露，注意力稳定但难于转移，善于忍耐。

抑郁质　感受性高而耐受性低，不随意的反应性低；严重内倾；情绪兴奋性高而体验深，反应速度慢；具有刻板性，不灵活。情绪体验深刻，感受性高，容易察觉他人不易察觉到的细节，行动较迟缓，而且不刚烈，较孤僻，多愁善感，犹豫不决、优柔寡断，但细心、谨慎、感受能力强，在友好团结的集体中，能与人融洽相处；有较强的坚定性，内心情感丰富，具有想象力，比较聪明，易动感情，但爆发性差，比较刻板，对工作缺少激情。

在实际生活中，典型的某种气质类型的人并不多，多数人都是混合型气质，且以两种气质混合的（双质型）居多，三种气质混合的（三质型）人并不多。

看一看

图解四种气质类型

胆汁质　　　　　　　　　　　　　　　　　黏液质

抑郁质　　　　　　　　　　　　　　　　　多血质

二、性格

（一）性格的含义

性格（Character）一词来自希腊语，原意是特征、特性、属性等。它是个性当中最突出的方面。今天我们理解的性格，乃是一个人在社会实践活动中所形成的对人、对事、对自己的稳固态度，以及与之相适应的习惯化了的行为方式。譬如，有的人工作勤勤恳恳，赤胆忠心；有的人则飘飘浮浮，敷衍了事；有的人慷慨、热情；有的则吝啬、冷淡；有的谦虚，有的高傲，有的勤勉，有的懒惰。所有这些都是人们不同的性格特征。

读一读

性格的分类

按心理过程的优势方面分类：

（1）理智型——以理智来衡量一切并支配行动；

（2）情绪型——情绪体验深刻，行为主要受情绪影响；

（3）意志型——有较明显的目标，意志坚定，行为主动。

按心理活动的指向性分类：

（1）内倾型。重视主观世界，常沉浸在自我欣赏和幻想之中，仅对自己有兴趣，对别人则冷淡或看不起。

（2）外倾型。重视客观世界，对客观的事物及人都感兴趣。

通常，人们把内倾型称为内向，外倾型称为外向。

（二）性格与气质的关系

性格与气质紧密联系在一起，互相渗透，互相影响，互相制约，关系极为密切。

气质给性格特征全部"打上烙印，涂上色彩"。正如巴甫洛夫所说：气质"赋予每个个体的全部活动以一定的外貌"。例如，同样是爱劳动的人，爱劳动这一性格特征相同，但不同气质类型的人在劳动中的表现则大不一样。胆汁质的人干起活来精力旺盛，热情很高，汗流浃背；多血质的人则总会找点窍门，少用力，效率高；黏液质的人则踏实苦干，操作精细；抑郁质的人则累得精疲力竭还是追不上别人。又如，同样是骄傲，胆汁质的人可能直接说大话，甚至口出狂言，让人一听就知道他骄傲。而多血质的人很可能把别人表扬一通，最后露出略比别人高明一点，骄傲得很婉转。黏液质的人骄傲起来可能不言不声，表现出对人的蔑视。另外气质对性格的影响还表现在气质可以影响性格形成和发展的速度和动态。比如，胆汁质的人比黏液质、抑郁质的人更容易做出草率决定，而黏液质的人则比多血质的人办事更稳重。而且，胆汁质、多血质的人易于形成外向性格，黏液质、抑郁质易于形成内向性格。

不同气质类型的人可以形成同样的性格特征，具有相同气质类型的人又可形成不同的性格特征。所以，在气质基础上形成什么样的性格特征，在很大程度上决定于性格当中的意志特征。

第二节 航空旅客的个性特征及航空服务

任何人都有可能成为航空旅客。形形色色的人有着不同的个性特征，这也需要我们航空服务人员对不同旅客的个性心理特征有较深的了解，才能对症下药，更好地提供服务。在日常的工作生活中，不同性格特征的旅客和空姐发生争执的情况很多，有的甚至做出过激的事情。

读一读

飞机上救生衣的遗失

一名姓曹的旅客计划从广州飞往西安。登机前，安检人员通过 X 射线检查发现曹某的行李中有 3 件救生衣，于是提出疑问。曹某谎称是朋友送的，但安检员一眼就识别出这种救生衣系飞机专用，对其再进行询问。曹某知道逃不过安检，只得承认救生衣是在从西安飞往广州的飞机上"顺手"拿的。

原来，来自陕西省铜川市的曹某 7 月 4 日从西安来广州出差，因为在飞行途中与空姐发生矛盾，就决定拿走飞机上的物品来报复，心想这样可以让空姐因丢失物品而受到处罚。

这时，飞机遇到气流颠簸，从曹某的座位下滚出一件救生衣。曹某打开来看，觉得质量不错，想到现在天气炎热，游泳时也许能派上用场，便起了贪念，把救生衣据为己有。他觉得一件不够，还把身旁两个坐椅下的救生衣也塞进了自己的行李包。

曹某拿了救生衣后，顺利离开机场。但他没想到的是，自己离开广州时却因这些救生衣受阻。安检人员发现其行李中藏有飞机专用救生衣后，马上通知了机场公安来处理。随后，曹某被请到机场派出所进行询问。曹某对偷救生衣的行为供认不讳，机场警方依照《治安管理处罚法》对曹某作出 10 天的治安拘留。

由于气质对人的实践活动有很大的影响，所以，作为一名航空服务人员，除了认识自己的气质及其特点外，还要学会掌握航空旅客的不同气质类型并进行针对性的服务。

一、四种气质旅客的行为特征及服务要点

（一）胆汁质的旅客

气质特点　由于脾气火暴，直来直往，胆汁质的旅客在候机、办手续、进餐、结账时容易显得急，不耐烦；对人热情，易激动，喜欢大声说话，毛手毛脚；不能克制自己，易发怒，常丢东西；精力充沛，情绪发生快而强，言语动作急速难于控制；由于他们感情外露，故容易激动、发火，一旦被激怒一般不容易平静。

服务要点　服务速度要快，办事效率要高、不拖拉；避免与他们发生争执，出现矛盾应主动回避，不激怒他们；注意并提醒他们不要丢失东西；给他们以机会表现自己，多注意活动组织；万一发生矛盾应该避其锋芒，不计较他们有时不顾及后果的冲动言语，不可针锋相对，使矛盾激化。

（二）多血质的旅客

气质特点　活泼大方，面部表情丰富，善于交际，容易结交新朋友；好打听消息，对各种新闻感兴趣，受不了孤独和寂寞，富有同情心；活泼爱动，富于生气，情绪发生快而多变，表情丰富，思维、言语、动作敏捷，乐观、亲切、浮躁、轻率。

服务要点　在服务中要注意其好动的特点。多介绍、安排新颖有趣、富有刺激性的活动；对他们主动热情的交往要诚恳相待，不要不理不睬，以满足他们好交际、爱讲话的特点；提供服务速度要快，多变花样，避免啰嗦、呆板。

（三）黏液质的旅客

气质特点　感情平稳，情感很少外露，服务人员猜不透他们需要什么。温和稳重，做事慢；好清静，做事谨慎，无创新；沉着冷静，情绪发生慢而弱；思维、言语、动作迟缓，内心少外露，坚忍、执拗、淡漠。

服务要点　不宜用激动的口吻和他们说话；安排座位尽量僻静，不要过多打扰；活动项目不可安排太紧凑，内容不要太繁杂；有事交代应该直截了当，简单明了，说话慢些，不要滔滔不绝，重点处要重复；凡事不可过多催促，允许他们考虑。

（四）抑郁质的旅客

气质特点　喜欢独处，不苟言笑，不爱凑热闹，说话慢，有想法和意见不爱言说；自尊心强，因小事而怄气；柔弱易倦，情绪发生慢而强，易感而富于自我体验，言语、动作细小无力，胆小、忸怩、孤僻。

服务要点　对他们要特别尊重，处处照顾他们且不露声色；说话态度温和诚恳，切勿命令指责；不和他们开玩笑，不和他们说无关的事，以免引起误会；安排座位应清静而不偏僻，随时关照但不要打扰他们；有事和他们商量要把话说清楚，说话应该慢些，以免引起猜忌和不安。

由于航空旅客自身的气质差异，而这些差异在服务过程中又有不同的表现，因此，航空服务人员应掌握气质的基本理论，根据旅客的不同气质类型进行针对性的服务，使自己能更好地胜任工作。

二、航空服务人员的品质要求

航空服务人员由于服务工作的必要，随时要与不同性格、不同层次的航空旅客打交道，所以必须具备谅解、支持、友谊、团结、诚实、谦虚、耐心等良好性格特征，同时还要具备乐观、勇于负责、自立、当机立断等性格品质。具体来说有以下几点：

诚实　航空服务人员诚实的个性应该体现在两个方面：一是对他人诚实，不弄虚作假，不阳奉阴违；二是对自己诚实，如实地反映自己的优缺点，恰当地评价自己。

自信　提高自我效能，建立自信。航空服务人员的自信，主要表现在对工作的积极性和主动性上。一个自信的航空服务人员不仅具有较高的工作热情，而且也会产生战胜困难的巨大勇气。缺乏自信是一个人性格软弱的表现，不仅会因此缩手缩脚、犹豫不决，而且会影响工作的展开和效率，还会因此带来严重的自卑而丧失进取的勇气。

宽容　所谓宽容，就是能够容忍、有气量，不过分计较和追究，能够谅解他人。航空服务人员的宽容应该做到：以大局为重，不计较个人得失，在非原则问题上能够忍让；不嫉贤妒能，在工作中对待那些比自己有才干的人应该取人之长，补己之短，绝不能心胸狭窄。宽容是作为航空服务人员的职业需要，同时，也是航空服务人员自我保护的需要。宽容不是简单的忍受，而是理解、同情、练达、包涵，是因大而容，又因容而大。从事航空服务工作，遭受旅客带来的"不公"是避免不了的事。航空服务人员必须包容这些"不公"，并将其化为顺理成章的理由，才能被自己所真正接受，才不会给自己的身心造成伤害，才可以始终如一地坚持对这份工作的理解和热爱。宽容不仅可以化解航空服务人员与旅客之间的不快，还能化解航空服务人员工作和生活中的负面情绪，使之保持阳光心态，在任何时候都能快乐而积极地为旅客服务。

谦虚　谦虚是公认的一种美德，是一种良好的个性品质。航空服务人员是否具有谦虚的品质，对工作的开展有着重要的影响。

三、如何培养航空服务人员良好的品质

优质服务需要具有优秀个人素质和能力的航空服务人员，而素质是一个人个性、文化教育等相关因素的综合反映。其中，个性是决定个人素质的关键因素。航空服务人员良好个性的培养，是民航企业文化建设中不可忽视的一部分，如何培养航空服务人员良好的个性呢？

（一）提高文化修养，加强学习

一名优秀的航空服务人员必须不断地提高自己的文化水平，多读书、多思考，不断地丰富自己，提升自己。

（二）培养积极的人生观、世界观

乐观的心态是优质服务的保证。航空服务人员要学会宽容、学会理解、能平和地应对每天的工作，以健康乐观的心态去面对航空旅客。积极的人生态度是人进取的原动力。它可以使航空服务人员增强战胜困难、挫折的信心和勇气，使航空服务人员能够面带微笑地去工作、去生活，从而更深刻地体验生活之美，塑造出乐观、开朗的个性品质。

（三）培养良好的心态

面对同一件事情，不同的人会有不同的心态，因而也会有不同的解决办法，良好的心态就显得尤为重要。而航空服务人员在面对工作中烦琐的问题时，所需要的就是要培养自己良好的心态。

小贴士

如何保持良好的心态

1. 学会释放：当感到过分紧张、烦恼、害怕时，可采用深呼吸的方法，或自我暗示的方法，使自己的身心放松。

2. 学会转移注意力：一定的情绪是与一定的情境相关的。当感到情绪糟糕时，有意识地转移话题或做点别的事情来分散注意力，便可使情绪得到缓解。

3. 学会宣泄：如果有不愉快的事情及委屈，不要压在心里，而要向知心朋友和亲人诉说出来乃至大哭一场。这种发泄可以释放内心的郁积，对人的身心有利。

4. 学会自我解嘲：当一个人的追求得不到满足时，为了减少内心的失望，常为失败找一个冠冕堂皇的理由，用以安慰自己，就像狐狸吃不到葡萄说葡萄酸的童话一样，这被称作"酸葡萄心理"。与此相反的是"甜柠檬心理"，即用各种理由强调自己所拥有的是好的，以此冲淡内心的不安与痛苦。这种自欺欺人的方法，偶尔用一下作为缓解情绪的权宜之计，对于帮助人们在极大的挫折面前接受现实，接受自己，避免精神崩

溃不无益处。

5. 学会幽默：良好的心境终究是源于成熟的自信和丰富的人生阅历。要学会使用幽默，不要把失败、尴尬、僵局、被动看得太重。要追求那种"谈笑间樯橹灰飞烟灭"的风度。

（四）培养高度的责任心

作为航空服务人员，高度的责任心是工作的基本保证。如果没有强烈的个人责任意识，任何组织或个人，都不可能达到目标，在竞争中获胜。因此，从我做起，提高个人的责任意识，是责任感修炼的第一步。

知识链接

美国学者约翰·米勒的个人责任提升原则

◇个人责任不是通过改变他人，而是通过改变自己力求解决问题；

◇个人责任不是抱怨团队，而是要充分认识个人的力量；

◇个人责任就是要适应变化，不断完善自我；

◇个人责任就是利用现有的资源与工具实现目标；

◇个人责任就是要做出具有积极作用的选择；

◇个人责任就是要不断自问"我还能做些什么？"

◇选择做一个有责任感的人，生命才能更充实！

思考与练习

1. 举例说明不同气质类型的航空服务人员的特点。
2. 联系实际，谈谈如何根据旅客的个性特点做好航空服务工作？

第六章 航空服务中的情绪、情感与服务

教学目的　1. 了解情绪的含义、特征、类型，情绪对人的影响。

2. 学习通过表情正确判断情绪和正确对待情绪的态度。

3. 懂得运用情绪调控的方法，提高自身的心理素质。

4. 学会运用情绪理论和调控方法化解旅客的不良情绪，提高航空服务质量。

案例导入

6月6日早6点多钟，一名中年女旅客来到南航北方分公司售票柜台，要买沈阳到西安的客票。南航北方分公司地面服务保障部（以下简称"地服部"）售票员刘丽立即在电脑上查询售票信息：南航早晨8点20分由沈阳飞往西安的CZ6469航班只有头等舱的客票了，需2400元，而12点25分起飞的鲲鹏航空有限公司VD8328航班当时还有9折机票。刘丽把这一信息告诉了旅客，供她参考选择。该旅客一听，觉得头等舱客票太贵，面露难色。由于鲲鹏航空有限公司的打折票南航无权出售，刘丽只好建议旅客到桃仙国际机场售票柜台去购买。

细心的值班组长李红、售票员刘丽、孙汝年都发现该名旅客从一开始来到售票柜台就一直沉默不语，好像有什么心事，而且也不像是很有钱的样子。大家商量后决定去询问一下旅客，看看能不能帮帮她。正当大家准备行动的时候，那位旅客又回到南航柜台，说就买头等舱的机票。于是，售票员们一边好心地提醒旅客，中午的航班售价会低一些，税后是1500元，一边询问旅客有什么需要帮忙的。这时，旅客再也抑制不住自己的情绪，突然间趴在柜台上呜呜哭泣起来，并说她的儿子刚刚去世，

要早一点赶过去……同样身为母亲的李红和孙汝年听后也不禁黯然，当即安慰旅客不要太悲伤，并告诉旅客会尽力帮助她候补经济舱客票（税后1650元），让她尽早成行，实在不行再购买头等舱客票，旅客含泪表示同意。

安顿好旅客，刘丽马上给旅客出了一张沈阳到西安的经济舱候补客票，李红又和值机主任、运输调度联系，说明情况，能否请机组人员帮助解决。值机和运输调度都很重视这件事情，值机预留了前排的位置，运输调度马上与机组联系，但因当时机组还没有进场，需等待一会儿。为防止万一经济舱候补不上，又为旅客留了一张头等舱的位置，以此确保悲伤而又焦急的旅客尽早到达西安。

大约过了20多分钟，运输调度和值机都打来电话说，机组人员非常同情这位母亲，愿意把自己的休息座位让给旅客，这就意味着旅客不用购买头等舱的客票了。当李红等人把这一消息告诉旅客时，一直就没有断过泪水的旅客又哭泣起来，连连哽咽着说："太感谢你们了！"李红等人一边安慰着旅客，一边迅速地帮助她办好了乘机手续，并一直把她送到安检通道，又嘱咐了相关注意事项，才放心地离开。

人类在认识外界事物时，会产生喜与悲、乐与苦、爱与恨等主观体验。心理学上把人对客观事物的态度体验及相应的行为，称之为情绪。情绪涉及我们每个人生活的各个方面，在我们清醒的每个时刻，都伴随着感觉的差异、变化和情绪的冲动，并且体验着不同的心境和情感。

在航空服务过程中，我们常常可以看到旅客与服务人员的各种情绪与情感的表现。我们不仅要知道自己的情绪变化，还要学会观察旅客的情绪变化，才能更好地开展我们的工作。

第一节 情绪的含义和心理特征

一、情绪的概念

情绪和情感一直被心理学家认为是影响人类行为的一个重要方面。情绪在人际交往、态度改变、工作表现等方面均起着重要作用。

（一）情绪的定义

从 19 世纪以来，心理学家们对情绪的实质提出了各种不同的看法，由于情绪是一种极端复杂的心理现象，至今没有得到一致的结论。综合各种观点，我们认为情绪和情感是人对客观事物的态度体验及相应的行为反应。

人们对周围的事物及他人和自己的行为，常常抱着不同态度，一些现象使人愉快，另一些现象使人悲哀，某些现象使人愤怒，而另一些现象会使人恐惧。这些愉快、愤怒、恐惧和悲哀就是常见的情绪体验。

情绪，是人对客观事物是否符合自己的需要而产生的主观态度的体验，表现为这种需要的变动情况（即刺激）引发的一种身心激动状态。

当客观事物或情境符合主体的需要时，就能引起积极或肯定的情绪和情感。相反，当客观事物或情境不符合人们的愿望或需要时，则会引起消极的否定的情绪和情感。

（二）情绪的构成

航空旅客与航空服务人员情绪的构成一般包括三个层面，即认知层面上的主观体验，生理层面上的生理唤醒，表达层面上的外部行为。情绪产生时，这三种层面共同活动，构成一个完整的情绪体验过程。

1. 主观体验 情绪的主观体验是人的一种自我觉察、自我感受与体验的一种感受状态。在航空服务过程中旅客在与航空服务人员交往时，双方的一言一行都会使对方产生一种主观体验。比如：乘务员对旅客发自内心的微笑，旅客会感到服务人员和蔼可亲，从而产生愉快的情绪。反之，旅客采取同样的微笑时，我们服务人员也会产生相同的主观体验。

生理唤醒 生理唤醒涉及神经系统的广大区域，是情绪和情感在生理方面上的反应。譬如激动时血压升高，愤怒时浑身发抖，紧张时心跳加快，害羞时满脸通红。脉搏加快、肌肉紧张、血压升高及血流加快等生理指数，是一种内部的生理反应过程，是伴随不同情绪而产生的。

外部行为 在情绪产生时，人们还会出现一些外部反应过程，这一过程也是情绪的表达过程。比如人悲伤时会痛哭流涕，激动时会手舞足蹈，高兴时会开怀大笑，郁闷时沉默不语。情绪所伴随出现的这些相应的身体姿态和面部表情，就是情绪的外部行为。这是航空服务人员判断旅客情绪的外部指标。

情绪是一种复杂的心理现象，其表现形式多种多样，有的明显、外露，有的隐蔽、内含。因此，如果需要确切地了解人的情绪，必须细心观察。

二、情绪的特征

（一）刺激引起情绪

当外界的客观事物与自身的需要形成某种关系时，这种客观事物就成为对自身的一种刺激。这种刺激使身心处于一种激动状态，人对这种状态的体验就是情绪。这种刺激可以是外在的、具体可见的，如和煦的阳光、清新的空气、美丽的风景，令人心旷神怡。有的刺激则是内在的、不可捉摸的，如记忆、联想、想象等，这些内在的刺激可能使人产生不同的情绪体验。

（二）需要影响情绪

每个人都有各种各样的需要。个体在追求需要满足的过程中，对各种需要满足的顺利与否、程度如何等等，都会产生一种态度体验，这种体验就是情绪。如果需要能够顺利满足或满足程度很高，个体就会产生一种积极的和正面的情绪；反之，个体就会产生消极和负面的情绪。情绪反映了个体需要的满足状况。

（三）情绪受到自身认知的影响

我们往往有这种经验，同样是航班延误，虽然航空服务人员进行的解释是一样的，但是有的客人可能心平气和地接受、情绪稳定，有的客人却会气愤万分、大为恼火。这也就是说，面对同一种刺激，不同的人情绪反应不一样。这种情绪反应的差异现象，是与人的认知状况相联系的。每个人都有关于自己、他人和社会的一些稳定的态度和信念。这些认知的不同，使人在面对同样的刺激时，会有不同的态度和体验，因而产生不同的情绪。

小故事

卖伞和卖鞋

有个老太太，她有两个儿子，一个卖布鞋，一个卖雨伞。老太太每天都愁眉苦脸，晴天的时候，她想到她那个卖伞的儿子，"哎哟，谁来买我儿子的伞哟！"下雨的时候，她想到她那个卖布鞋的儿子，"哎哟，谁来买我儿子的布鞋哟！"所以不管是晴天还是下雨她都不快乐。

想一想

如果你见到她，你会怎样劝她呢？

所以，人产生何种情绪以及情绪的强度如何，是与个体的认知紧密相连的。甚至从某种意义上可以说，引起情绪的不是刺激本身，而是对刺激的态度和认识，所以可以通过改变认知来改变情绪。

相关链接

情绪 ABC 理论

情绪 ABC 理论的基本观点：人的情绪不是由某一诱发性事件的本身所引起，而是由经历了这一事件的人对这一事件的解释和评价所引起的。在 ABC 理论模式中，A 是指诱发性事件（Activating events）；B 是指个体在遇到诱发事件之后相应而生的信念（Beliefs），即他对这一事件的看法、解释和评价；C 是指特定情景下，个体的情绪及行为的结果（Consequence）。通常人们会认为，人的情绪的行为反应是直接由诱发性事件 A 引起的，即 A 引起了 C。ABC 理论则指出，诱发性事件 A 只是引起情绪及行为反应的间接原因，而人们对诱发性事件所持的信念、看法、解释 B 才是引起人的情绪及行为反应的更直接的原因。

想一想

小柯早上上学要迟到了，而迟到就会被批评。这时，等了很久的公共汽车终于来了，可是一看，车上挤满了人，不知道自己能否挤上去。小柯心里变得焦急烦躁。

这个场景中，A 是＿＿＿＿＿＿＿＿＿＿＿

B 是＿＿＿＿＿＿＿＿＿＿＿

C 是＿＿＿＿＿＿＿＿＿＿＿

（四）情绪具有不易自控性

情绪体验的产生及其强度，虽然与人的认知关系紧密，但是在情绪状态下伴随产生的生理变化和行为反应，通常却是个体无法自主控制的。人的情绪一旦产生，就会不由自主地通过各种方式表现出来，并且同时会伴随一定的生理反应。情绪生理反应是指在情绪活动中伴随发生的一系列生理变化。它主要由自主神经系统和内分泌系统活动的改变而引起。如心率加快、血压升高、瞳孔放大、外周血管舒张或收缩、神经内分泌变化等。这些随情绪产生而相伴的生理反应，表示人体各种器官的活动在增强，能够保证机体活动时所需的能量供应，从而使机体做好应急准备。这是机体的一种自我保护功能的显现，是人体的一种本能活动。这种本能是人的主观意识所无法轻易控制的。

三、情绪的表现形式

随着社会的发展，现代人的表情动作成为文明社会的一种交际手段。人的许多表情动作都是后天获得的，受到一定的民族、社会文化、风俗习惯的影响。每个人的情绪都可以在不同的表情动作中表现出来。因此，航空服务人员应该学会从旅客表情动作中了解其情绪，从情绪中了解旅客的心理，为做好服务工作打下良好的基础。对旅客的情绪我们一般可以从几个方面观察到。

（一）面部表情

面部表情是指人的脸部表情动作。面部表情包括眼、眉、嘴等的变化，人的面部表情的变化是人各种情绪变化的体现。如欢乐时，人会眉开眼笑、嘴角上翘；悲哀时，人就双眉紧锁、嘴角下垂；狂妄轻蔑时，双目斜视、嘴角微撇。

判断表情的测试

各部位的活动	喜乐	愤怒	悲哀	恐怖	厌恶
额与眉	平静	左右两眉靠紧，向上形成八字纹，眉间和额上出现皱纹	左右两眉靠紧，向下眉间出现反八字形的皱纹	眉毛向上、惊讶时上有皱纹	稍靠近。眉间出现皱纹
眼睛	下眼皮向上，眼角出现皱纹	大开	一部分或全部闭上	大开	通常稍变小，伴有眼球转动
鼻子	正常	鼻翼扩大	绷紧，变细稍稍变长	鼻翼扩大	向上，鼻根上出现皱纹，鼻翼倾向两边
嘴	嘴张开，上齿露出	向两边紧紧地张开，下齿露出	张开扭曲	张开，特别在剧烈时大开而不闭	稍稍向上
嘴唇	唇角向后，上唇向上绷紧	唇角向下，下唇充满力感	唇角向下，下唇颤动	唇角稍向下	唇角向下，下唇突出
下颚	下垂，颤动	有力地向前突起	下垂	固定（不变）	向上

（二）人体动作表情

人的全身动作也有表现和传递感情的作用。身段表情指的是身体各部分的表情动作。例如，欢乐时手舞足蹈，狂喜时捧腹大笑，悔恨时顿足捶胸，惊恐时手足无措。

（三）言语的手势表情

语言表情指的是情绪在音调、节奏速度方面的表现。例如，高兴时音调高、速度快、语音差别较大，悲哀时语调低沉、语言缓慢等。人们说话的声音、语调、节奏等，都是表达和判断感情的指标。手势和言语变化是人类特有的表情言语的一种形式，也是表达情感的重要指标。

第二节　航空旅客的情绪情感特征

随着社会的发展，民航离老百姓不再遥远，越来越多的人成为航空旅客。他们来自不同的地方，有着不同的文化背景、宗教信仰、生活理念以及认知观念。既然是形形色色的人构成了航空旅客，那么作为航空服务人员就必须了解航空旅客的情绪情感特征。

一、情绪情感的分类及基本形式

（一）情绪分类

关于情绪的分类，我国古代曾提出"七情六欲"说。这基本上是对情绪的基本形式的概括。近代西方学者认为人的基本情绪分四类：喜、怒、哀、惧。

知识链接

七情、六欲

七情：指一般人所具有的七种感情，即　　　　财、色、丁、权、贵）。
喜、怒、哀、惧、爱、恶、欲。　　　　　　　今所用"七情六欲"一语，泛指人之情绪、
六欲：色、声、香、味、触、法（或：食　　欲望等等。

从生物进化的角度来看，可以把情绪分为两种，即基本情绪和复杂情绪。基本情绪是人和动物共有的，这些基本情绪是天生的，每种情绪都有独立的神经生理机制、内部体验和外部表现。艾克曼等人的研究表明，人类具有一些天生的基本情绪，如愉快、恐惧、悲伤、惊奇和厌恶等。复杂情绪则是由基本情绪组合而成的。

小知识

伊扎德：三种复合情绪

基本情绪的混合：如兴趣—愉快，恐惧—　　　　愤怒等；
内疚—痛苦—愤怒等；　　　　　　　　　　基本情绪与认知的混合：多疑—恐惧—内
基本情绪与内驱力的混合：疼痛—恐惧—　　疚，活力—兴趣—愤怒等。

（二）情绪的基本形式

1. **快乐**　快乐的产生以其生理、心理和社会的条件为依据。

快乐有本能和感觉水平上的，它主要包含三个方面：一是感觉快乐，人们生活在舒适条件中感觉很快乐，或疲劳之后冲个凉水澡，繁忙之后的休闲活动，引起身心快乐的条件既有自然的，也有社会的，不过这多属于感觉水平上的情绪感受。二是驱力快乐，即生理需要得到满足所产生的快感称为驱力快乐。此时，内驱力产生于维持有机体体内平衡的循环过程中；三是玩笑中的快乐，自我在玩笑和娱乐中也能产生快感。娱乐主要是为了消遣，消遣主要为自我提供感情享乐和享受。娱乐是自我生活中的"调料"，是在平淡之中加入趣味，使自己在紧张之余得到松弛。

知识链接

快乐的功能

它可以增进人际间的社会联结。良好的社会交往可以增进人际间的快乐感受。快乐的面孔是建立良好人际关系的最普遍的社会性刺激，微笑可以增进人际互相谅解和信任的机会。

它可以增强一个人的自信。快乐就是力量，它可以激励人的力量、魄力和自信，使人的精神开朗乐观。快乐可以使人在完成一项任务时坚持不懈，快乐可以使人心胸开阔，对未

来充满信心。经常不快乐的人缺乏自信，在困难面前容易气馁，也难以遭受挫折。

它可以使人在紧张中得到松弛。追求的渴望、自身和外界的压力不可避免地会导致挫折和失误，还会出现情绪上的额外负担。快乐尽管有如此多的积极功能，不过不适当的快乐延续也有不利的一面，如思维能力下降。所以，快乐也需要有意识地自我调节。

2. 痛苦和悲伤 痛苦是最普遍的负性情绪。痛苦是人生中不可避免的情绪感受。痛苦作为一种力量，驱使人们去应付和改变导致痛苦的因素，以改善人的处境。悲伤是痛苦的发展和延伸。

一些心理学家认为，悲伤和痛苦是同一种情绪的两种表现形式。不过，悲伤和痛苦还是有区别的，如婴儿由于饥饿、肉体疼痛的生理变化所引起的哭闹只能成为痛苦而不能称为悲伤。

痛苦常常被掩盖起来，而悲伤通常经过哭泣表现出来。所以，悲伤比痛苦具有更鲜明的情绪色调。悲伤会使人感到失去力量、失去支持、失去希望，从而感到自己处于无助和孤独之中。悲伤代表着失去亲人或失去重要资源时的情绪状态。当自己必须忍受这种分离或丢失时，痛苦和悲伤就会转化为忧愁或忧郁。

知识链接

痛苦的功能

痛苦是一种可以忍受的情绪，痛苦的表情会引起他人的同情和帮助。与痛苦情绪相比，恐惧情绪会引起自己产生为躲避恐惧源的强烈动机，痛苦是一种能使自己采取补救办法以消除痛苦来源的情绪。

痛苦有利于群体的联结。个体从人群的联结中分离是个体痛苦的来源。为避免痛苦和对痛苦的预料，使人们保持相互之间的接近。人类社会提供多种多样的结合形式给人以交往的

机会，这不但使人们的生活丰富多彩，而且为人们提供相互理解的机会。

当人们感到痛苦、失望或失去信心的时候，从群体中会得到鼓励和同情。人群的结合不仅有维持生存的作用，在当代社会，对提高人们心理、社会生活质量也有重要意义。

人们无法避免痛苦的发生，如果这个世界上没有痛苦，那么我们的世界将是一个没有快乐、没有爱、没有家庭、没有朋友的世界。

3. 愤怒 愤怒是一种常见的负性情绪，是人类演化的产物。其发生形式常与搏斗、攻击行为相联系。随着社会文化的形成和演变，愤怒的源发形式常被掩盖，愤怒的功能

也已改变。愤怒是一种不可忍受的情绪，然而文化的约束使个体对自己的意识冲动有所收敛和控制。

4．恐惧　恐惧是最有害的情绪。强烈恐惧所产生的心理震动会威胁人的生命。在遭遇巨大的自然灾害中，一部分人丧生不是由于身体的创伤，而是由于情绪的承受力崩溃。

不确定性和不可预料性是引发恐惧的诱因，在一定时间和空间内期望的或熟悉的事情没有发生可能让人产生危险意识，从而产生恐惧预期。孤独对人也有威胁性，孤独是最基本的和天然的惧怕线索。

恐惧受自己所处的文化和生活经验影响。失业、离婚、盗窃甚至鬼怪传说，都能诱发恐惧。恐惧可以是习得的，还可由想象或认知过程所诱发。对鬼怪的恐惧既是习得，又是想象。来自记忆和认知评价的预期都可引起恐惧。

拓展阅读

15 种情绪及其"核心相关主题"
拉扎勒斯（1993）

愤怒——冒犯、贬低我和我的东西

焦虑——面对存在着的不确定的威胁

惊恐——面对具体的突如其来的身体上的危险

内疚——触犯了一个道德戒律

羞愧——未能达到理想的自我

悲伤——经历了无可挽回的损失

美慕——想要别人所拥有的东西

妒忌——因失去或威胁与另一方的感情而憎恨第三方

厌恶——接受一个难以理解的主意

快乐——朝向目标的实现取得了合理的进步

自豪——通过对有价值的客体或成就感到荣耀来提升个人的自我认同

放松——令人苦恼的与目标不相容的情况已经好转或已经过去

期望——担心最差的情况而又向往更好的

爱——渴望或参与爱，但通常不需要回报

同情——为他人的痛苦所打动，想要给予他人以帮助

二、情绪状态的分类

情绪状态是指在某种事件或情境的影响下，在一定时间内所产生的某种情绪，其中较典型的情绪状态有心境、激情和应激等三种。

（一）心境

心境是指人比较平静而持久的情绪状态。心境是一种具有感染性的、比较平稳而持久的情绪状态。当人处于某种心境时，会以同样的情绪体验看待周围事物。如人伤感时会见花落泪，对月伤怀。心境体现了"忧者见之则忧，喜者见之则喜"的弥散性特点。平稳的心境可持续几个小时、几周或几个月后甚至一年以上。一种心境的持续时间依赖于引起心境的客观刺激的性质。如失去亲人往往使人产生较长时间的郁闷的心境；一个

人取得了重大的成就，在一段时间内会使人处于积极、愉快的心境。人格特征也能影响心境的持续时间，同一事件对某些人的心境影响较小，而对另一些人的影响则较大。性格开朗的人往往时过境迁，而性格内向的人则容易耿耿于怀。因此，心境持续时间的长短，与人的气质、性格有一定联系。

心境对人的生活、工作、学习、健康有很大的影响。积极向上、乐观的心境，可以提高人的活动效率，增强信心，有益于健康。航空旅客若处于积极的心境中，将非常有利于航空服务人员工作的开展。消极悲观的心境，会降低认知活动效率，使人丧失信心和希望，经常处于焦虑状态，有损于健康。若旅客处于消极的心境中，则会增加航空服务人员的工作难度。人的世界观、理想和信念决定着心境的基本倾向，对心境有着重要的调节作用。

（二）激情

激情是一种强烈的、爆发性的、为时短促的情绪状态。这种情绪状态通常是由对个人有重大意义的事件引起的。重大成功之后的狂喜、惨遭失败后的绝望、亲人突然死亡引起的极度悲哀、突如其来的危险所带来的异常恐惧等等，都是激情状态。

（三）应激

应激是指人对某种意外的环境刺激所做出的适应性反应。例如，人们遇到某种意外危险或面临某种突然事变时，必须集中自己的智慧和经验，动员自己的全部力量，迅速做出选择，采取有效行动，此时人的身心处于高度紧张状态，即为应激状态。例如，飞机在飞行中，发动机突然发生故障，驾驶员紧急与地面联系着陆；正常行驶的汽车意外地遇到故障时，司机紧急刹车；在这些情况下人们所产生的一种特殊紧张的情绪体验，就是应激状态。

第三节　航空服务人员的情绪与航空服务

在航空服务中，航空旅客的情绪会影响航空服务人员的服务效果，而航空服务人员的情绪也会影响到航空服务的质量。因此，航空服务人员的情绪管理就显得至关重要。

一、健康情绪对航空服务的积极意义

（一）健康情绪的标准

健康情绪的主要标准是情绪稳定、心情愉快。

1. 情绪稳定　情绪稳定表明个人的中枢神经系统活动处于相对的平衡状况，反映了中枢神经系统活动的协调。一个人情绪经常很不稳定，变化莫测，是情绪不健康的表现。

2. 心情愉快　这是情绪健康的另一个重要标志。愉快表示人的身心活动的和谐与满意。愉快表示一个人的身心处于积极的健康状态。一个人经常情绪低落，总是愁眉苦脸、心情苦闷，则可能是心理不健康的表现。一个人在生活的道路上难免发生挫折或不幸，例如亲友的病故，情绪悲哀，这当然是正常的情绪反应。

读一读

情绪健康的人具有的特点

1. 开朗、豁达，遇事不斤斤计较，不为鸡毛蒜皮的小事动肝火或郁结于心。

2. 情绪正常、稳定，很少大起大落或喜怒无常，能承受欢乐与忧愁的考验。

3. 能给人以爱和接受别人的爱，待人热情，乐于助人，有同情心。

4. 谈吐风趣、幽默、文雅。

5. 自信、乐观、有主见，能独立性地解决问题，创造性地工作。

6. 明智、少偏见，能正确认识自己和他人的长处和短处。

7. 对前途充满信心、富有朝气、勇于上进、坚韧不拔。

8. 能面对现实、承认现实和接受现实，并能按社会的要求行动。

9. 对平凡的事物保持兴趣，能不断从生活环境中得到美和快乐的享受，会工作也会消遣。

10. 尊重他人，能与人为善，和睦相处，建立良好的人际关系。

（二）健康情绪对航空服务的积极影响

1. 积极情绪可以促进航空服务人员的身心健康。情绪分为积极情绪和消极情绪两大类。积极情绪对健康有益，消极情绪会影响身心健康。我国自古就有悲伤心、怒伤肝、思伤脾、忧伤肺、恐伤肾之说，可见中医学非常重视人的情绪与健康的关系。过度的消极情绪，长期不愉快、恐惧、失望，会抑制胃肠运动，从而影响消化机能。情绪消极、低落或过于紧张的人，往往容易患各种疾病。因此，只有保持乐观的情绪，才有利于身体健康。健康、积极的情绪，是保持心理平衡与身体健康的条件。而航空服务人员身心健康又是保证航空服务质量的物质前提条件。

2. 积极情绪可以促进航空服务人员的自身发展。积极的情绪表现为精神上的愉快和情绪上的饱满，"人逢喜事精神爽"，航空服务人员保持乐观的人生态度、开朗的性格、热情超然的品质，就会正确认识、对待各种现实问题，从容地面对和化解人际交往中的各种矛盾，也能更好地应对工作中的难题。

3. 积极情绪可以提高服务人员的服务质量。

（1）拉近与旅客的心理距离。在旅客将要开始旅程时，可能会有一定的紧张和不安情绪，而航空服务人员的积极情绪，如面带微笑、轻松愉悦，不仅使自己处于一种良好的工作状态，而且还会感染服务对象——旅客。因拥有良好情绪所流露出来的真实而真诚的笑容，可以在不经意间化解对方身体上和精神上的紧张和不安，使人感到信赖和安全，拉近彼此之间的心理距离，建立起和谐信赖的服务关系。良好服务关系的建立，是提高服务质量的首要条件。

（2）化解旅客不良情绪。微笑是一种特殊的情绪语言，是服务工作的润滑剂，也是航空服务人员与航空旅客建立感情的基础，更是服务行业的职业道德的重要内容。它可以代替语言上的"欢迎"，稳定旅客紧张心理，对航空旅客的情绪有安抚作用。在日常的服务工作中，学会转化旅客的态度，化解航空旅客的不良情绪，有利于航空服务工作的顺利进行。

二、不良情绪对航空服务的消极作用

在日常的服务工作中，航空服务人员面对不理解自己的航空旅客、社会舆论的压力、同事间的压力等，都会产生不良情绪。不良情绪产生的消极作用主要表现在：

（一）不良情绪影响航空服务人员的工作效率

在不良情绪的阴影下，航空服务人员可能会处于一种伤心、愤怒或心不在焉的状态，这种状态会严重影响航空服务人员的工作积极性，相对应的是马马虎虎的工作态度，冷眼相对的面部表情，从而极大地降低工作效率。

（二）不良情绪影响航空服务人员的身心健康

凡是不能满足人们需要的事物，都可能引起否定的态度，并产生消极的、不愉快的体验。这类情绪包括愤怒、憎恨、悲愁、焦虑、恐惧、苦闷、不安、沮丧、忧伤、嫉妒、耻辱、痛苦、不满等。这些都是与消极情绪状态密切联系的。因此，从某种意义上说，消极情绪是人的一种不良的心理状态，往往会因过分地刺激人的器官、肌肉及内分泌腺而损害人的健康。这种情绪的产生，一方面是机体为适应环境而作出的必要反应，它能动员机体的潜在能力，为使自己适应变化的环境而斗争。另一方面这种情绪的产生又会引起高级神经活动的机能失调，使人体失去身心平衡从而对机体的健康产生十分不利的影响。

经常、持久地出现消极情绪所引起的长期过度的神经系统紧张，往往会导致身心疾病。如神经系统功能紊乱、内分泌功能失调、免疫功能下降，转变为精神障碍或其他器官的系统疾病。

（三）不良情绪容易导致航空服务人员和航空旅客之间不必要的误会

当航空服务人员带着不良情绪工作时，是不可能为航空旅客提供良好的心理服务的。不良情绪破坏服务关系的和谐。不良情绪困扰服务人员，使之也很难与航空旅客建立起良好的服务关系，而这些良好关系的建立和维持，是保障航空服务质量的重要因素，甚至是首要因素。设想当航空旅客面对着冷眼相待的航空服务人员时，旅客会是什么感受？他们会感到不被欢迎、不被尊重，从而心情也不可能愉快。这种不良情绪会相互感染，形成恶性循环，产生不良的心理氛围，这种不良的心理氛围不但会影响航空服务人员与航空旅客的情绪和心情，甚至会激发矛盾的产生和加剧。所以，不良情绪如果得不到有效管理，将会直接影响到航空服务的质量。

第四节　航空服务人员的情绪调控

积极健康的情绪可使得航空服务人员在工作中事半功倍，而消极的情绪则会使航空服务人员在工作中事倍功半。所以，学会对自己的情绪调控，是非常有用的，也是非常必要的。

一、航空服务人员常见的几种情绪困扰

由于承担着安全与服务的双重责任，航空服务业已成为职业压力极大的行业。航空服务人员以消极情绪为主的心理问题十分突出，即焦虑、抑郁、冷漠、愤怒、恐惧等是他们常见的情绪问题。

焦虑　焦虑是个体对当前或预感到的挫折产生的一种紧张、忧虑、不安而兼有恐惧性的消极情绪状态。它包括自信心的丧失、失败感和内疚感的增加等。焦虑是复合型情绪，其核心成分是恐惧。

焦虑是由危险或威胁的预感所诱发。个人在遭遇到利害冲突、灾害、灾难、疾病或竞争时，预感到无力避免、无法应付，威胁、恐惧就可能转化为焦虑。

焦虑者常常表现出精神运动性不安，如来来回回地走动，不由自主地震颤或发抖，还伴有出汗、口干、心悸、呼吸困难、尿急尿频、浑身无力等不适感。

焦虑情绪状态对人的精神生活有严重影响。焦虑导致自主神经系统高度激活，如其持续和频繁发生，会导致身体全面衰弱、食欲减退、睡眠不良和过度疲劳，恐惧、紧张和无助感加剧，注意力涣散，记忆力减退，思想慌乱，无所适从，容易产生极端念头，夸大自身无能，顾虑重重、灰心丧气。有时对恐惧的预期还会导致易怒和暴躁，当焦虑状态严重并且持续时间较长时，就有可能导致神经性焦虑。

焦虑是航空服务人员常见的情绪困扰，产生的原因多源于工作、生活与人际交往方面所遭受到的挫折。如发生误机、纠纷等事件，作为与旅客直接接触、面对面服务的航空服务人员（包括空中乘务员和地面服务人员），就处在了风口浪尖上，心理压力特别巨大，极易引发焦虑情绪。而过度的或持久的焦虑会损伤航空服务人员的正常心理活动，导致心理疾病的产生，从而严重影响他们正常的生活和工作。

冷漠　冷漠是个体在遭受挫折后，对付焦虑的一种防御手段，也是一种消极的情绪状态。它包括缺乏积极的认知动机、活动意向减退、情感淡漠、情绪低落、意志衰退、思维停滞。冷漠是一种个体对挫折环境的自我逃避式的退缩心理反应，带有一定的自我保护意识或自我防御性质。当在生活和工作中遭受挫折并感到无能为力时，往往表现出不思进取、情绪低落、情感淡漠、沮丧失落、意志麻木等心态。

由于航空旅客身份的复杂性、民航安全要求的特殊性、民航运输的快捷性与不可控性的矛盾等，航空服务人员不仅要做好细致的旅客服务工作，还要处理各种危急情况的

突发事件。如航班延误时，这些人员常常处于各种矛盾的焦点。有的乘务员因制止旅客在飞机上拨打电话而被打了耳光；有的安检人员因制止旅客擅闯安全通道而被拳打脚踢；有的工作人员因航班延误遭到旅客围攻；还有的遭到旅客辱骂，有的受到刁难，有的遭到人身攻击甚至是性骚扰。航空服务人员长期处于一种压抑、委屈甚至被创伤的心理状态，得不到及时而有效的疏导和调试，他们的情感得不到满足，于是冷漠成为他们的保护色。对外界的任何刺激他们都无动于衷，无论面对的是悲欢离合还是爱憎情仇都漠然置之。他们与旅客的真实距离越来越远，对自己的评价也会降低。然而表面上的"冷漠"掩盖着的却是他们深层次的痛苦、孤寂、无助和强烈的压抑感。

冷漠者初期主要认为生活没有意义，心情平淡，出现抑郁状态，随后发展到强烈的空虚感，内心体验日益贫乏，不愿进行抉择和竞争，缺乏责任感和成就感，最终严重影响到生活与工作。

抑郁　抑郁是一种持续的心境低落、悲伤、消沉、沮丧、不愉快等综合而成的情绪状态。表现为兴趣淡漠、被动消极、悲观绝望，很难全身心投入到现实的生活之中。

处于抑郁情绪状态而不能解脱的人，在生理方面，往往无缘无故地述说身体的不适，头痛、胃痛、头昏、眼睛疲劳等，做事经常感到疲倦，伴有睡眠障碍。此外，食欲不振、体重下降也是常有的情况。在心理方面，则心境低落，常感沮丧、悲观，甚至绝望。感情淡漠，对事物兴趣大减，失去幽默感，自我满足感降低、内心冲突强烈、自责心重，愧疚感和犯罪感增强。遇事容易产生挫折感、无价值感，感到生活无意义，甚至想到结束自己的生命。在行为方面，抑郁情绪往往会引起工作效率下降。抑郁者常出现疲乏感，工作时精力不集中，记忆力下降，思维能力不如以前，造成工作失误。此外，还表现为社交退缩，对生活失去兴趣，对日常生活感到倦怠，尽可能回避与同事相处。有些抑郁者会继续参与一些活动，但却不能从活动中体验到乐趣。他们虽然试图摆脱这种状况，但往往无力自拔。工作责任重、风险大，家庭发生变故，与同事或好友发生纠纷，升职压力，受到批评或处分，恋爱不顺利或失恋等重大生活事件，是航空服务人员产生抑郁情绪的重要条件。管制员、航空器维修人员因为工作性质缺乏足够的人际交流，易形成孤僻、封闭的性格；安检、保卫人员处于维护正义与反对邪恶的风口浪尖，经常接触社会阴暗面，不可避免地被负面情绪所影响。这样造成有些工作人员精神抑郁、苦闷，晚上彻夜难眠，白天工作时则无法集中注意力，借酒消愁，甚至走向吸毒、自杀。

愤怒　愤怒是由于客观事物与人的主观愿望相违背，或愿望无法实现时产生的一种激烈的情绪反应。愤怒发生时，可能导致人体心跳加快、心率失常、血压升高等躯体性反应，同时使人的自制力减弱甚至丧失，思维受阻、行为冲动，常常可能会干出让人后悔不已的事情或造成不可挽回的损失。

恐惧　恐惧情绪的产生，是因为某些特定事物、特殊环境或人际交往等刺激而产生的一种强烈而紧张的内心情绪体验。航空服务人员往往会因出现异常情况而危及飞行安全时产生恐惧情绪。另外，因各种原因，航空旅客将愤怒情绪往服务人员身上发泄时，航空服务人员也会产生恐惧情绪。

此外，航空服务人员可能产生的消极情绪还有悲伤、沮丧、自卑等。

二、航空服务人员不良情绪的调控

情绪的自我调节方法多种多样，但只要你把握下列几个要点并掌握相关的方法，就一定能克服不良情绪，使自己快乐起来。

承认压力及不良情绪存在的事实　生活中每个人都会感到压力、紧张和不良情绪的存在，这是很正常的，你完全没有必要逃避这种事实。要知道，只有面对现实，正视现实，自己才能超越现实。因此，承认自己不良情绪的存在，找出产生该情绪的原因，然后想办法调整它、克服它，这才是自己应该有的态度。

认知调整转换法　情绪 ABC 理论告诉我们，导致消极情绪的不是事实本身，而是对事实的看法，改变看法，就可以改变情绪。在对航空旅客服务中，不管我们遭遇怎样的旅客、怎样的情况，或者怎样的麻烦，我们永远不要抱怨。抱怨除了破坏我们的心情之外，对事情的解决于事无补。我们应该想想看，在这件事中会带给我们什么样的经验、教训及警惕，避免下次重蹈覆辙，这就是将"问题"转化为"机会"。

学习情绪放松技术　利用放松技术可以使自己从紧张、抑郁、焦虑等不良情绪中解脱出来。你可以尝试如下两种放松技术：

肌肉放松法　找到一个放松的姿势，靠在沙发上（椅子上）或躺在床上，尽量减少其他无关刺激，然后按照手臂部——头部——躯干部——腿部的顺序，按如下 5 个步骤进行：集中注意力——肌肉紧张——保持紧张——解除紧张——肌肉松弛。让肌肉紧张的做法如下：

手臂部紧张：伸出右手，握紧拳，紧张右前臂；伸出左手，握紧拳，紧张左前臂；双臂伸直，两手同时紧握，紧张手和臂部。

头部紧张：皱起前额部肌肉；皱起眉头；皱起鼻子和脸颊（可咬紧牙关，使嘴角尽量向两边咧，鼓起两腮）。

躯干部紧张：耸起双肩，紧张肩部肌肉；挺起胸部，紧张胸部肌肉；拱起背部，紧张背部肌肉；屏住呼吸，紧张腹部肌肉。

腿部紧张：伸出右腿，右脚向前用力像在蹬一堵墙，紧张右腿；伸出左腿，左脚向前用力像在蹬一堵墙，紧张左腿。

想象放松法　通过想象放松自己的身心。最好在安静的环境中进行，仰卧在床上或靠在椅子上，找一个舒适的姿势，同时闭上眼睛并配合缓慢均匀的深呼吸，然后通过指导语（默念或播放录音磁带等）放松自己。

掌握心理平衡术　遇到情绪问题时，可以通过心理平衡技术来调整自己的情绪。

知识链接

几种自我心理平衡术

1. **自嘲法** 生活中当遇到一些尴尬或难堪的场合时，若一味埋怨和逃避往往会使自己的心态越来越坏。不妨自己调侃一下自己，通过自我贬抑而达到出奇制胜之效果，从而使心理达到一种高层次的平衡。

2. **遗忘法** 现实中不少人终日生活在对往事的痛苦回忆中，反复品尝旧时受到的挫折，陷入恶性循环中，使心理愈加不平衡。因此必须学会遗忘，这是对痛苦的解脱。能使身心获得宽慰，从而激发出新的力量，人性得到升华。

3. **激励法** 要走出每日"消沉——后悔"的心理不平衡怪圈，给自己确立一个值得去追求的目标。出去找个朋友开怀畅谈一下，踏踏实实干点活，参加一个培训使自己的精力集中起来等等。有了成功的经验和自信，我们就能再选择更高的目标激励自己。

4. **闲聊法** 闲聊对心理调试起很大功效。它可以缓解紧张、消除隔膜，表达温情、躲避碰撞、化解怨气、发泄怒火。

5. **哭泣法** 要放弃有泪不轻弹的传统戒条，让自己随情绪波动而哭泣。哭能使人产生有益的激素，使人体更加协调反应。

6. **移情法** 它是宣泄、调节情感的一种有效方式。

增加社会（团体）支持帮助 寻求帮助，既可缓解情绪，又可获得新的看待问题的视角和思路，走出习惯的思维模式，走出困境，找出新的出路。寻求帮助，既可以寻求自己的亲人和朋友，还可寻求专业心理咨询工作者。

养成乐观的思维方式 快乐一方面取决于客观实际，另一方面则取决于认知、思维方式。如果觉得不幸福，就会感到不幸；相反，只要心里想着快乐，绝大部分人都能如愿以偿。很多时候，快乐并不取决于你是谁，你在哪里，你在干什么，而取决于你当时的想法。两个人从同一个窗口往外看，一个人见到泥土，另一个人见到的是星星。莎士比亚说："事情的好坏，多半是出自想法。"伊壁鸠鲁也说："人类不是被问题本身所困扰，而是被他们对问题的看法所困扰。"如果掌握了乐观思维法、光明思维法，人生万事万物都能够给我们带来快乐。

思考与练习

1. 什么叫情绪？情绪的基本形式有哪些？
2. 健康情绪和不良情绪对航空服务的影响分别是什么？
3. 不良情绪的自我调控方法有哪些？

第七章 航空服务的态度要求

教学目的 1. 了解航空服务态度的特点，掌握航空服务态度的基本要求。

2. 明确航空服务态度在航空服务中的重要作用。

3. 明确认识提高旅客满意度是企业成功的关键因素。

案例导入

"我今天很高兴乘坐深航的航班，你们给了我一次很难忘的旅途经历，真没想到深航的空姐能这么熟练地与我们这些弱势群体的人用手语沟通，你们也肯定下了很多工夫来学这些手语表达，我想我回去以后会告诉我的同事们：深航空姐很棒，很优秀！"乘坐 3 月 2 日深航 ZH9818 航班的汪小姐临下机前递给当次航班乘务长卓娅一张手写便笺。

3 月 2 日，在深航 ZH9818 由哈尔滨经停南京返回深圳的航班上，"卓娅"乘务组正在为旅客提供机上餐食饮料服务，12C 座的汪小姐突然起身离开座位，来到正在提供服务的乘务员陈梦璐面前时一边使用唇语一边用手比划着什么。受过专门手语训练的陈梦璐立刻明白了这位旅客的意思，并同样用手语告诉她洗手间在最后一排座位后面。乘务员王潇鹤在一旁也发现这个打着手势交流的女旅客耳朵上戴着一个助听器，于是可以初步判定这是一位需要格外照顾的聋哑旅客。乘务员陈梦璐和王潇鹤也迅速将此信息传递给其他组员。在服务到最后一排时，刚好碰上汪小姐从洗手间出来，乘务员王潇鹤向汪小姐点头微笑示意，并用熟练的手语动作主动询问她需要什么餐食和饮料，汪小姐顿时既惊讶又开心，用手语说："我需要一份面条和一杯可乐。"在乘务员王潇鹤迅速送来面条和可乐时，汪小姐满意地看着她并用大拇指弯了弯，意思是："谢谢你！"之后的几

个小时，每当巡舱服务时，乘务组总是格外关注汪小姐，询问她还需要什么。在与汪小姐简单交流中，"卓娅"乘务组也得知她是从哈尔滨前往深圳的。

由于飞机需要在南京经停，考虑到汪小姐比较特殊，担心在过站期间由于听力和言语上的沟通问题而错过了乘机，于是在飞机到南京机场时，"卓娅"乘务组与地面人员进行了协调，让这名特殊女旅客不下飞机，就安排在机上休息。并且在经停过程中，"卓娅"乘务组为了不让汪小姐一个人感到寂寞，便主动来到她身旁用手语聊天。

"为什么你们会做这么多手语动作呢？"汪小姐充满疑问地用手语询问。

"我们学习过，而且目前深航是国内唯一一个全体乘务员都能用手语与特殊旅客沟通的航空公司。"乘务员王潇鹤很自豪地用手语回复道。

"你们很漂亮，很可爱，也很体贴！"汪小姐满含感激地表达自己对"卓娅"乘务组的称赞。

在硬件技术差距越来越小的航空市场，竞争已不再是单一的价格与技术的竞争，服务的竞争逐渐成为竞争的主要内容。只有拥有最完美服务的企业才是客人值得永远用行

动和货币去支持的企业。态度对于航空服务行业是至关重要的，服务态度决定服务质量，服务质量的好坏又直接影响到航空企业的利润。只有让航空旅客满意，航空企业才能获得良好的发展。本案例中的"卓娅"乘务组对特殊航空旅客真诚的关心和细致入微的照顾就展示出了航空服务人员良好的服务态度。

第一节　态度的含义和特征

一、态度的含义

态度是指一个人对某一特定对象做出反应时所持的评价性，是较稳定的内部心理倾向。它是一个人关于事物对自己有多大利害关系的一种价值判断或情绪体验。态度具有一定的稳定性和持续性，一旦形成就不会轻易改变。态度对人们的心理和行为有着多方面深刻的影响。例如，态度决定着一个人对外界影响的判断和选择，影响着人的忍耐力、学习效果、工作效率等。

从其构成要素看，包括认知要素、情感要素和行为倾向。

认知要素即态度的持有者对对象的了解与评价，包括个人对某个特定对象的认识与理解、赞成与反对。一个人对客观事物的认识，不仅仅是其个体的感知和理解，还要受到已经形成的社会观点的种种影响。因而一个人对某个事物的看法和想法总带有某种评价意义。态度持有者的认识要素，对其行为有着直接的影响。

情感要素是指主体对象的情绪反应，即对某一类事物喜欢或是厌恶的体验程度。情感要素随着认知因素的产生而产生，随着认知因素的变化发展而变化发展，认知越深情感越深。

行为倾向要素也叫意向，是由认知因素和情感因素所决定的，对态度对象的反应倾向，是行动前的思想倾向，是行动的直接准备状态，指导态度主体对对象做出反应。

读一读

请您再给我两盒盒饭可以吗？

邵先生是上海某大公司职工，由于工作需要经常乘飞机往返于全国各地。今年3月9日上午9点邵先生乘坐本公司航班前往杭州。当他从航空杂志上读阅到今年是南航的优质服务年时，决定测试一下南航空姐的服务。当时正好是供午餐时间，第一盒盒饭吃完后按了呼唤铃（已基本填饱肚子，但为了测试），马上王婷走到邵先生面前，面带微笑说："先生，请问您需要什么服务？""能否再给我一盒饭？"

"我先去后面看一下，如有多余的马上给您送来。"不一会儿，王婷双手托着盒饭送到邵先生面前，谢过之后，不一会儿呼唤铃再次响起（既然是有意测试便加大力度），马上另外一位乘务员吴昊走上前，同样的微笑、同样的礼貌用语。"能否叫刚才为我服务的那位小姐过来？""先生，请您稍等。"王婷再一次面带职业化而又亲切的微笑说："先生，请问您还需要什么服务？""请您再给我两盒盒饭可以吗？"（心想好戏马上就要开始了）王婷还是礼貌的微笑着重复了刚才的话语——"我到后面看一下，如有多余的马上给您送来。"一会儿，同样的画面又一次上演——还是双手托着两盒盒饭、还是面带微笑、还是很有礼节地呈到面前。邵先生被彻底地击垮了……

二、态度的特征

1. 社会性。态度是个体在社会化过程中，在学习工作生活中逐渐形成的一种意识倾向。它受环境影响，同时又影响环境，并在这个过程中得到丰富和改进。所以，每个人的态度都具有社会性，都具有政治的和道德的评价意义。

2. 稳定性。态度是在长时间的社会生活实践中形成的，并与人的理想、信念、世界观、价值观和人生观等有着紧密联系，所以态度一旦形成，就比较稳定持久，并在行为反应上表现出一定的稳定性。

3. 对象性。态度总是有对象的，总是指向某一事物。这里的事物可以是具体的人、组织、团体、物体，也可以是一种现象、状态、思想和观念。总之，没有对象的态度是不存在的。

4. 价值性。态度的形成要受多种因素影响，其中最具影响力的是人的价值观。所谓价值观，指人们对事物的主观评价。人们对事物持怎样的态度往往取决于该事物具有的价值大小，包括道德价值、社会价值等。价值观不同的人，对同一事物的态度也不尽相同。

5. 内在性。态度是一种心理结构，是人的心理活动。虽然有一定的行为倾向，但不是外在行为，别人无法直接观察，只能通过言、行、表情等进行间接的观察、分析和判断。例如，某员工热爱工作，我们不可能直接观察其心理活动，只有从他对工作一贯兢兢业业、踏踏实实的态度观察推测出来。

三、态度的形成

态度不是与生俱来的，它是个体在长期的生活中，与他人的相互作用和接受环境影响逐步形成的。初生的婴儿，对外界事物不存在任何态度。随着个人意识的出现、生活经验的积累，个体对外界事物才会有自己的态度。

态度形成后，又反过来对外界事物发生影响，并不断修正自身，如此循环往复，个人的态度体系便逐步完善起来。父母在塑造孩子的态度方面的确很重要，但是我们也不应过分强调他们的影响。随着孩子年龄的增长，父母的影响也开始减弱。随着年龄的增长，各种新影响进入每个人的生活。其中最重要的有三方面，它们来自大众媒介、同伴及机构。所谓机构是指学校、社会和工作单位等。

四、影响态度改变的因素

态度是后天形成的，因而是可以改变的。客观环境不断变化，要求作为行为引导系统的态度发生相应变化。态度改变的本质是个人的继续社会化。一个赌徒会痛改前非，重新做人；反目夫妻，可能破镜重圆。当然，要改变态度是不容易的。因为态度不但是人们对某事物的心理倾向，还往往成为个体人格的一部分，成为一种习惯性的行为方式。所以，态度的改变不像一般认识的改变那样简单。改变认识，有时只需要改变一个人态度中的思想和信念的成分，并不涉及情感与行为倾向。影响态度改变的因素主要有：

1. 时间性。幼儿时期通过模仿学习并已定型的态度不容易改变。

2. 极端性。态度越极端，其改变的可能性就越小；态度所依赖的事实越多、越繁杂，就越不容易改变；对于某事物对象前后一贯的态度，已经成为习惯的反应，不容易改变；一个人态度中包含三种成分，即思想、情感和行为倾向，三者越协调，越不容易改变。

3. 个人价值中心。个体的种种态度常常反映出他的价值观。凡是与个人基本价值观密切相关的态度，一般不容易改变。

4. 个体自我防御机制。自我防御机制越强烈的人，越会尽力保护自己已有的态度以增强自尊，很难改变其态度。

5. 性格特征。如果一个人缺乏判断能力，依赖性强，就越容易信任权威而改变自己原有的态度。

6. 学识能力。学识能力高的人，就越容易理解各种赞成或反对的论点，进而根据自己的认识决定改变自己的态度，是主动改变。反之，学识能力越低的人，越容易被说服暗示，只能被动地改变态度。

读一读

态度改变的团体实验

第二次世界大战期间，由于食品紧张，美国政府希望说服家庭主妇能购买美国人一向不欢迎的食品——牛心、牛肾等动物内脏。为了寻找最有效的说服方法，心理学家为此做了专门的实验。他们把一批家庭主妇分为两组，对一组用传统的说服方法，向她们介绍这些食物的营养价值，说明国家的困难，同时还赠给每人一份烹调食谱；对另一组家庭主妇，则组织她们集体讨论，让每个人都发言，最后由大家作出食用内脏的决定。一段时间后，经调查发现，听讲组的只有3%的人被说服；而团体决定组的却有32%的人开始食用内脏。

第二节　航空服务中提高旅客满意度的目的和意义

飞机与火车、汽车等交通工具相比，有其自身的优势：快捷、舒适。这也是旅客花较多的价钱乘飞机出行的原因。可一旦我们航空服务人员的服务不能满足客人的需要、帮他们实现这样的目的，旅客就会产生不满，甚至抗议。所以，航空服务意识最基本的要求，是做好服务工作，解决旅客的实际问题。为旅客服务的目的，就是为旅客提供优质服务，让旅客满意，并为他们的旅途带来欢乐。

旅客满意度，反映的是旅客的一种心理状态，它来源于旅客对航空公司的服务消费所产生的感受与自己的期望值所进行的对比。单个的旅客对满意度的感觉和评价对公司的影响不大，但所有旅客对公司态度的总体感觉，就决定了公司的生存与发展。

一、航空服务态度的含义和特征

（一）航空服务态度的含义

航空服务态度是指航空服务人员对服务环境中的航空旅客及服务工作的认知、情感与行为倾向，它是航空服务质量的一项重要内容。在航空服务过程中，要求航空服务人员必须充分尊重航空旅客，要用自己真心的微笑和热忱的态度去帮助每个航空旅客实现每一项需求。

（二）航空服务态度的特征

1. 具有浓厚的职业色彩。航空服务态度是航空服务人员在航空服务这个特定的环境中针对航空旅客而产生的。失去航空旅客这个客体，服务态度就无法展示。所以，航空服务态度具有一定的指向性。

2. 由认知、情感和行为倾向三部分构成一个有机整体。在这个有机整体中，任何一方面都会对航空服务态度产生决定性的影响。如一个航空服务人员热爱自己的本职工作，他就会对自己的工作产生正确的认识，在具体的工作中就会表现出积极主动，从而形成积极、热情而耐心的高品质服务态度。

3. 可改变性。虽然一个人的态度一旦形成是不会轻易改变的，它将持续较长的一段时间，甚至成为人们性格的一部分。但是航空服务态度是从航空服务人员投身到航空服务环境时才开始的，经过教育、培训及一些因素的制约，它是可以改变的。

4. 由航空服务对象进行评价。航空服务态度虽然无法直接观察和测定，但它可以通过航空旅客的感受和服务工作状态作出优与劣的评价。

二、提高航空服务满意度的目的和意义

（一）旅客满意既是公司的出发点又是落脚点

任何一家航空公司在为旅客提供服务时，其目的都在于使其提供的服务能得到旅客的认可，并乐于接受。这就要求航空公司提前了解旅客需要怎样的服务，对服务有什么样的要求。企业只有把握了这个出发点，才能为旅客提供真正满意的服务，实现旅客和公司的"双赢"。

（二）旅客满意度使企业获得更高的长期营利能力

在采取各种措施使旅客满意的同时，企业也获得许多具有竞争力的、形成企业长期营利的优势。

1. 减少企业浪费。在企业保证旅客满意度的过程中，企业会越来越了解旅客，能做出越来越精准的预测。这样，企业就不必花更多的时间和精力去做市场调查和研究，在很大程度上减少了企业的浪费，压缩了企业成本。

2. 价格优势。满意的旅客往往愿意为了自己满意的理由而额外付出。当然，旅客的额外付出并不是无限度的，付出多少取决于满意度之外的一些因素，如全面的竞争环

境、旅客的价格敏感度、购买类型和公司在行业中的地位等等。

3. 更高的的旅客回头率。满意的航空旅客比不满意的旅客有更高的品牌忠诚度，更可能再次接受该公司的服务，这将使企业获得更多的收入和更高的知名度，最终获得更多的利润。

4. 降低宣传成本。满意的航空旅客乐于将自己的感受告诉别人，如自己的朋友、亲戚，甚至其他陌生人。有研究表明，这种口头宣传的广告效应，比其他的宣传方式更加有效，并且不需要其他的任何成本。

（三）旅客的满意使企业在竞争中得到更好的保护

满意的航空旅客不但会忠诚，而且能将这种忠诚长期保持，即使在企业出现困难的时候，这些旅客也会在一定范围内对企业保持忠诚。这可最大限度地降低对企业的不良影响，给企业缓冲困难提供了宝贵的机会。但是，当价格相差很大时，旅客也很难永远保持对高价公司的忠诚。

（四）旅客满意使企业足以应付旅客需求的变化

航空旅客的需求随着时代的发展不断变化，如何抓住这一变化去满足不断产生的新需求，是许多航空企业在发展中遇到的新问题。以令旅客满意为目的的企业，由于平时所做的工作能够预测到旅客需求的变化，而且满意的旅客一般也会给企业改变做法留出时间。因此，持续提高旅客满意度已经成为航空企业取得成功的关键因素。

第三节　航空服务人员的态度要求

一个合格的航空服务人员应该具备良好的综合素质，即要有正确的服务意识、过硬的服务能力和良好的服务态度。在具体的服务工作中不仅强调航空服务人员要做到"眼到""手到""程序到"，更应该做到"心到""情到""神到"，用温暖和真情使旅客满意在旅途、温馨在客舱、开心在眉头、舒心在心头。强调对旅客的服务更多地出于亲切而又自然的"真心""真诚"和"真情"的流露，这就是对航空服务的态度要求。

一、树立正确的服务意识

民航这样的服务类企业，必须把服务意识作为对航空服务人员的基本素质要求加以重视，每一名服务人员也应主动树立服务意识。如果把服务意识比喻为飞机的发动机，那么服务技巧和服务技能就是飞机的两翼。服务意识是服务技能和服务技巧的基础，只有"服务意识＋服务技巧＋服务技能"的航空服务，才能实现真正意义上的旅客满意。

（一）　正确理解服务意识

航空服务意识是指全体航空服务人员在与一切与航空企业利益相关的人或企业交往的过程中所体现的为其提供热情周到、主动服务的欲望和意识，即主动自觉地做好服务工作的一种观念和愿望。

航空服务意识的内涵主要包括三点：服务意识发自服务人员的内心；是服务人员的一种本能和习惯；可以通过培养、教育和训练来形成。

（二）树立正确的服务意识

积极、主动、用心地为航空旅客服务，为自己的未来服务，这是航空服务人员必须倡导的服务意识准则。这一准则要求：只要旅客的要求和行为不违反法律、不违反社会公共道德、不涉及飞行安全都必须服从。服务人员应该具有强烈的换位意识，站在旅客的位置上，想旅客所想，牢记"客人永远是对的"，自觉淡化自我和自尊，强化服务的服从意识，时时处处为宾客提供尽善尽美的服务。

1. 正确的角色定位。为了提高服务水平，航空服务人员应努力提高自己的角色认知能力。所谓角色，指的是不同的人在某个特定场合中的身份。角色定位，主要是要求服务人员在为旅客提供服务之前，必须准确地确定在当时特定情况下，各自所扮演的角色。只有准确地确定了双方各自所扮演的特定角色后，服务人员为旅客所提供的服务才能比较符合要求和到位。

2. 永远不可能与旅客平等。经常能听到有空乘和地服人员抱怨"现在的旅客素质太差！""凭什么要我受旅客的气呢？"这些抱怨者的错误就在于没有明确自己的角色。事实上，航空服务人员要明白，航空服务人员永远不可能与旅客平等，这样的不平等被称为"合理的"不平等。

小贴士

航空服务人员应如何正确理解平等

◇所有的旅客一视同仁、同等对待。

◇所有旅客购票、订座、乘机机会均等。

◇要尽可能满足所有旅客最基本的需要。

◇旅客支付费用，享受服务的满足；服务人员付出服务的努力，争取自己的工资收入。

3. 正确的服从理念。"旅客永远是对的"，这句话是对服务人员应该如何去为旅客服务提出的一种要求，而并非对客观事实作出的判断。意思就是要把"对"让给旅客，把"面子"留给旅客，有了"面子"的旅客会回报航空服务更大的"面子"——航空服务形象的提升、利润的提高。

小贴士

"旅客永远是对的"的具体体现

第一，充分理解旅客的需求，尽最大可能满足旅客的正当要求。

第二，要充分理解旅客的想法和心态，努力以更优的服务去感化旅客。

第三，要充分理解旅客的误会，耐心向旅客作出真诚的解释，并力求给旅客以满意的答复。

第四，要充分理解旅客的过错，秉承"旅客永远是对的"的原则，把"对"让给旅客，给足旅客面子。

4. 正确的服务行为。航空服务提倡没有任何借口的服务。任何借口都是推卸责任，在责任和借口之间，选择责任还是选择借口，体现了一个人的工作态度和服务意识。在航空服务的某些方面有这样的情况出现：服务人员找借口来掩盖自己的过失，推卸本应承担的责任。这样的局面让旅客对服务人员很不满意，这也是许多矛盾冲突的根源。

正确的服务意识，强烈的服从观念，就是要求服务人员要把服务当成心爱的事业，把旅客当成心爱的人，细心、精心、留心为旅客提供体贴入微、能够让旅客舒心满意的服务；真情投入为旅客提供可以赢得旅客忠诚的服务，塑造良好的企业形象，实现价值双赢。

二、要保持良好的态度

1. 主动。主动是一个人自身的主观能动作用。航空服务人员应以主人翁的态度，主动做好本职工作，全心全意为航空旅客服务。立足于主动，才能心中有数，应对自如，达到旅客满意的预期效果。为此，要求航空服务人员应做到以下几点：

第一，上班前做好各项准备工作，将当天的工作计划好，按轻重缓急妥善安排。

第二，头脑冷静，处事沉着，行动敏捷，做到"眼勤、口勤、手勤、脚勤"，满足旅客的各种正当要求。

第三，开动脑筋，善于发现和及时解决问题，发现旅客的困难或要求，不管分内分外，尽可能主动给予帮助解决。

第四，虚心征求旅客意见，不断总结经验，研究改进接待服务工作的方法，提高工作效率，提高服务质量。

2. 热情。热情是对待服务工作和旅客的真挚感情。服务人员要像对待亲人一样对待旅客，以诚恳和蔼的态度，亲切体贴的言语做好服务工作。态度冷漠、言语生硬、工作马虎、举止粗鲁，必然会引起旅客的反感和不满。这不仅是个人未尽职尽责的问题，更会影响企业甚至国家的声誉。因此，要求每个航空服务人员应做到：

第一，保持仪容整洁、端庄大方和态度的诚恳、和蔼，给旅客留下良好的第一印象。

第二，礼貌待人，在与旅客接触时精神饱满、仪态自然、话语诚恳、言辞简洁而清晰。

第三，全面照顾、一视同仁、热情待客。对生客和熟客、自己的亲友，应一律同样对待，不要厚此薄彼、不以貌取人。对老弱病残旅客，应尽可能给予特别的关怀照顾，对傲慢的旅客给予谅解，仍然热情接待。

3. 耐心。耐心是不急不躁，不厌烦能忍耐。航空服务人员要有较高的品德修养，善于控制自己的情绪，约束自己的言行，不意气用事，不粗暴无礼。要求航空服务人员应做到：

第一，从工作实践中不断培养锻炼，提高自身的品德修养，经常注意保持平静的心态，特别注意在工作繁忙时更要沉着，防止急躁情绪的出现。

第二，要杜绝满不在乎的不耐烦和傲慢表现，对待挑剔的旅客也不能板起面孔，一副冷漠的神情。

第三，发生误会和争执时，要平心静气、冷静理智地说服解释，妥善合理解决矛盾。遇到旅客态度粗暴、语言生硬或违反制度等情况时，仍应以礼相待，以理劝告、制止，切不可用粗暴言行相待。

4. 周到。周到就是把工作做得细致入微，面面俱到，也就是把整个服务工作做得完全彻底。为此，要求航空服务人员应做到：

第一，态度诚恳，处处替旅客着想，了解旅客的需要，揣摩旅客的心理，工作认真、办事周详，使旅客处处感到方便。

第二，对旅客提出的问题，要尽可能详细解答，如果自己不懂，应立即转问他人，不能随意应付。

第三，熟悉民航和本公司内部的各种规章制度和有关业务知识，以便更好地为旅客服务。

思考与练习

1. 对航空服务人员态度的基本要求有哪些？
2. 明确服务态度在航空服务中有什么重要作用。

第八章 航空服务中的人际关系处理

教学目的 1. 了解民航服务中客我交往的含义，把握客我交往的性质。

2. 了解交往的心理效应，克服客我交往的失误。

3. 掌握客我交往的技巧，处理好航空服务人员与旅客的关系。

案例导入

"请大家相信我，我也是湖南人"

2008年1月25日，长沙黄花国际机场被特大的暴雪所覆盖。由于一再延误，由杭州飞往长沙的国航CA1763、1789航班不得不取消，所有的旅客也被签转到厦门航空公司17时起飞的航班上。16时，长沙航管站发出通告，长沙黄花国际机场关闭，所有航班停止起降。消息一传开，旅客的情绪如同炸了锅一样。"我们要回家！""航空公司要给说法！"等喊声一下子铺天盖地，在值机柜台、在售票处，国航浙江分公司地面服务部的员工早已被旅客围得水泄不通。

"大家的心情我很理解，我们将尽最大努力帮助你们成行！"国航浙江分公司地面服务部服务科的郭艳丽一再向旅客解释，但似乎收效甚微，旅客的情绪激动难平。"什么时候能够走要在纸上写下来，否则不算数！"激动的旅客一边推搡着郭艳丽，一边要求给出确切的

时间。而此时，所有地面服务人员的劝导解释也都淹没在了旅客的呐喊叫嚣声中。

"我跟大家一样，也是湖南人，我很理解回不了家的滋味，因为，我今年也不能回家与亲人团聚，我妈妈也是准备乘坐这趟航班回家的，所以请大家一定要相信我，我将尽快帮助大家成行……"一边说，小姑娘的眼睛湿润了。原来，由于春运期间人手紧张，胡蓉蓉今年也将留下来坚守岗位，不能回家与亲人团聚。为此，她妈妈专程从长沙来看她。现在春节临近，胡妈妈要回家了，一个人在外过年的胡蓉蓉此时触景生情。"说实在的，听到胡蓉蓉说的那番话，当时我的眼泪也在眼眶里打转。"面对记者，服务科主管裴习亮深有感触地说。将心比心，女孩子的真情流露让旅客有了一种感同身受。逐渐地，旅客的怒火消了很多，并渐渐配合地面服务人员到宾馆休息。

一个意想不到的生日蛋糕

由于长沙黄花国际机场持续关闭，从25日到28日陆续有多批旅客到宾馆休息，国航浙江分公司的地面服务人员的工作也更加忙碌。在为旅客的服务中，小姑娘们总是第一时间把信息准确无误地传达给每位旅客。"长沙机场还处在关闭中，一有时间，我们马上通知你们！"这句话成为服务人员每天出现频率最多的一句。"旅客在焦急等待，这种心情谁都可以理

解，在这个过程中，我们要做的就是尽量提供通畅的信息，并力所能及地提供服务保障。"地面服务人员王瑜口中的"力所能及"，却让旅客收获了一份份意外的惊喜。"还能吃到家乡菜，真有点想不到！"当吃到可口的湘菜，尤其是当了解到国航的地面服务人员为此多次与宾馆交涉要求把浙菜改为湘菜时，大家心里都热乎乎的。而更让人感动的，当王瑜了解到正好有一名

旅客过生日时，还主动为这位"寿星"买来了 感受到了国航带来的温暖。"

生日蛋糕。"礼轻情义重啊！这让我们深深地 （资料来源：民航资源网）

航空服务工作是"与人打交道"的工作。要做好服务工作，就必须研究与人打交道的学问，研究航空旅客心理。航空服务中的客我交往是人际交往中的一种特殊的交往。了解客我交往的特性，主客双方的心理特征，掌握客我交往的技能技巧，才能确保客我双方获得满意的服务效果。本案例中的航空服务人员就是在面对航班延误、旅客情绪激愤难平的情况下，展示出了高超的客我交往技巧，处理好了与航空旅客的关系。

第一节　人际关系及影响人际关系的因素

一、人际关系的含义

人际关系是指人与人之间比较稳定的心理关系，它是在一定的群体背景中，个体在交往的基础上形成的，是由个体的个性特点进行调节并伴随着产生满意或不满意的情感。例如，家庭成员之间的亲情，男女之间的爱情，企业内员工之间的友情，学校中的师生之情等，都是人际关系的体现。

它的形成，包含认知、情感和动作三方面。

人是社会关系的承当者，社会关系是一个多层次的关系体系，它包括人们在生活实践中彼此建立的全部关系，以及由生产关系所决定的政治关系、法律关系、道德关系、宗教关系和心理关系等等，人际关系就是这种社会关系中的心理侧面。因此，人际关系的实质是人的全部社会关系中的"心理关系"。人际交往以社会关系为基础，受社会关系制约；反过来人际关系又影响社会关系的发展，因为它是人们进行交往、形成各种社会关系的基础和条件。

拥有良好的人际关系有利于企业的团结，有利于提高工作效率，有利于人的心理健康，同时对精神文明建设有良性刺激。

二、影响人际关系的因素

影响人际关系的因素有很多，归纳起来可分为主观因素和客观因素两大类。

（一）主观因素

性格因素　良好的性格会使人建立起广泛而和谐的人际关系，但不良的性格，如自私、贪婪、虚伪、骄傲、阴险、冷酷、顽固等，都是严重阻碍人际交往的因素，是产生人际排斥的主要根源。

认识因素　认识障碍是由于人们认识上的分歧而产生的人际排斥。认识上的分歧越大，态度上的相似性就越小，自尊的需要就越发得不到满足，彼此之间就会相互疏远、互相排斥。

品质因素　良好的品质，如诚恳、理解、忠诚、可靠、聪明、体贴、热情等，都是人际关系最受欢迎的品质。欺诈、古怪、恶意、残忍、不诚实、不可信赖、贪婪，自然得不到人们的欢迎。

情感因素　情感是建立人际关系的基础，是联结人际关系的纽带。积极的情感加深了人际吸引，消极情感则是建立良好人际关系的障碍。淡漠、厌恶、嫉妒等情感特征，都会引起他人的反感，形成相互排斥，严重破坏人际关系。

（二）客观因素

年龄因素　人际吸引力一般来说随着年龄差别的扩大而减弱。青年人朝气蓬勃，向往未来；老年人情系往昔，缅怀昨天。青年人与老年人的思想情趣、思维方式和行为方式有较大的差别，这种差别既可作为互补的基础，但也能构成两代人之间的隔阂。

职业因素　现代化生产的高度分工与协作，使人们长期局限于特定的社会领域进行独特的工作，个人交往受到很大限制。同时，职业不同人们互相之间往往缺乏共同的理想和语言，交往自然发生困难。而职业相同，又可能会产生对立，这些都构成了人际关系健康发展的障碍。

社会因素　人际关系是社会关系的反应，它受各种社会条件的制约。如有阶级对立，有行政关系的官民之异，有经济关系的贫富之分等。差距越大，相互交往就越少。

阶层因素　人际关系是社会关系的反应，它受各种社会条件的制约。阶级对立、行政限制、特殊风俗习惯、落后的道德规范等都是人际关系发展的严重障碍。

三、建立和发展良好人际关系的途径

（一）良好人际关系建立的基本条件

空间因素　人与人在空间地理位置上越接近，越容易形成密切的人际关系。

相似因素　年龄、经历、长相、性格、态度、家庭社会背景、经济条件、职业、文化素质、宗教信仰、价值观念等。因素相似，就容易相近、相亲，从而形成良好的人际关系。

需要的互补　当双方的需要正好与对方的期望成互补关系时，彼此容易产生吸引力，形成友好的人际关系。

仪表　在人际交往初期能够给人以良好的初步印象，使人愿意与其进行交往。

能力与专长　一个能力较强且有专长的人，容易使人对他产生一种敬佩和信赖感，愿意与他接近，成为好朋友。

情境因素　良好的社会环境容易给人提供交往机会，良好的自然环境也给人提供理想的交往场所，最佳的情绪状态则是交往得以进行的必备条件。

（二）建立和发展良好人际关系的途径

管理者作风正派，办事公正。

创造有利的群体环境和交往气氛。

建立合理的组织机构并制定必要的组织措施。

提高人际交往的技巧。

第二节　人际交往的原则和作用

一、人际交往的原则

1. 尊重他人。每个人都有要求他人尊重的需要。尊重他人，是人际交往中非常重要的一个原则，也是人际交往中最起码的美德，是形成良好人际关系的基础。尊重他人，就是要尊重他人的人格、兴趣、爱好、习惯等。

2. 真诚待人。所谓人心换人心，你若真心对待他人，别人也会真心待你。

3. 热情助人。法国启蒙思想家卢梭曾说过："对别人表示关心和善意，比任何礼物都能产生更多的效果，比任何礼物对别人都有更多的实际利益。"每个人都有被关心的需要，要得到他人的关心，首先要去关心帮助他人。

4. 悦纳他人。每个人都有自己与众不同的个性和习惯，有优点也有缺点。要处理好彼此的关系，就需要真诚地悦纳他人，从心底把别人当自己的朋友看待。一旦他人感受到你真诚的悦纳，自然就会心悦诚服地与你处好关系。

读一读

风中的羽毛

有一天，一位年轻女士无意间说了几句话，伤害了她交往多年的一位好朋友。她为造成朋友这样的伤害备受折磨，心神不宁。她想与朋友重修旧好，就去找了一位智慧的长者。

长者耐心听完之后说，"有时为了恢复原状，需要付出巨大努力。为了重修旧好你什么都愿意做吗？"

年轻女士的回答发自肺腑："我愿意！"

长者说："要重修旧好，有两件事情你需要去做。今天晚上，带上你最好的羽毛枕头，在枕头上打开一个小孔。然后，在太阳出来之前，你必须在镇上每一家房前的台阶上放一根羽毛。"

"你做完后，再回到我这里。如果你善始善终做完了第一件事，我会告诉你第二件事怎么做。"

整整一夜，她都在寒风中忙乎着。她在一家一家房前的台阶上放着羽毛，小心翼翼唯恐漏掉其中一家。天寒地冻，她的手指冻僵了，寒风呼号，她的眼睛不停地流着泪，但她仍然坚持穿过黑暗的街道。

最后，天渐渐放亮的时候，她终于在最后一家的台阶上放上了最后一根羽毛。这个时候，太阳刚好升起。尽管筋疲力尽，但她如释重负，回到了那个长者的身边。长者说："现在你回去把那些羽毛再填进枕头里去，然后一切都会回到原来的状态。"

年轻女士一下子目瞪口呆："你知道那是不可能的！我刚把羽毛放在台阶上，风就飞快地把它们吹跑了！如果这就是第二个要求，那事情再无法回到原来的状态了。"

"你说的没错。"长者说，"千万不要忘记，你说过的每一句话就像风中的羽毛一样，话一出口，任何的努力——无论这种努力是多么发自肺腑、真心实意，都不能再将这些话收回去。越是在你所爱的人面前，说话越要注意分寸。"

二、人际交往的作用

人们通过语言、表情传达思想，交换意见，表达感情需要的沟通过程，我们称之为人际交往。通过人际交往人们认识社会、了解自己和他人、协调相互关系，以更好地适应环境。人际交往的作用主要表现在以下几个方面：

（一）信息沟通作用

一个人直接从书本上学到的知识毕竟是有限的，人们在交往中可以通过信息的沟通，了解社会行为规范，了解各种不同社会角色的行为标准，以便在各种社会活动中与其他社会成员在行为上保持和谐一致。

（二）心理保健作用

人有人际关系的需求，这种需要的满足是保持心理平衡、保证身心健康的重要条件。人在社会中会产生喜、怒、哀、乐的情绪变化。通过人际交往向朋友诉说自己的心情，可以降低和消除消极情绪的影响，恢复心理平衡。

（三）自我认识作用

人们通过人际交往，一方面可以通过与别人的比较来认识自己，另一方面可以通过别人对自己的反映来认识自己，这有利于对自己做出较客观准确的评价。人在自我意识的发展过程中，正是从别人对自己的态度和评价中了解自己在他人心目中的形象和在社会中的地位，并参照别人评价来客观地认识自己。

（四）人际协调作用

交往是人类在改造自然界中协作的产物。个人在自然界面前是软弱的，而集体的力量则是无穷的。正是通过社会交往，使单独的、孤立无援的个体，结成为一个强有力的集体，共同应对自然。

三、人际交往的心态与类型

（一）人际交往的心态

1. 家长心态。这种心态的特征是权威感、优越感和关切心。通常表现为统治的、命令的、训斥的权威或作风，在一定情境下亦会表现为关怀和怜悯行为。

2. 成熟心态。这种心理状态以思考和理智为特征，考虑过去的经验，估计各种可能性，然后做出决定，进行交往。

3. 儿童型心态。儿童型心态以情绪和服从为特征，其交往行为表现出感情用事，容易冲动，遇事缺乏主见、一味顺从。

（二）人际交往类型

人际交往是人际间思想和感情的相互传递过程，根据传递的方式、载体、规模等因素，可将人际交往划分为不同的类型。

1. 直接交往与间接交往。运用言语、表情实现面对面的交往为直接交往。而借助书面语言，通过大众传播媒介实现的交往叫做间接交往。间接交往可以进行较大范围的交往，但不如直接交往迅速、清楚，也不如直接交往容易得到反馈。

2．个人、团体及各层次的交往。个人之间的交往，如航空旅客之间、航空服务人员与航空旅客之间、航空服务人员之间所进行的交往。

3．单向、双向交往。单向交往是一方向另一方传递信息，不需要对方进行交流；双向交往则是收受信息的一方可以向信息传递者提出问题、交流思想和情感。一般面对面的交往多属双向交往。双向交往有利于交流更加具体和准确。所以，紧急、简单的事情宜采用单向交往，复杂的事情宜实行双向交往。

4．下行交往、平等交往和上行交往。上级与下级人员的交往为下行交往。同级之间的交往为平行交往。下级团体与组织的交往为上行交往。

5．语言交往与非语言交往。语言交往是借助于声音、词、句子等言语材料所进行的交往，非语言交往是借助动作、表情、姿态等行为语言所进行的交往，两者通常是结合在一起使用的。

第三节　航空服务中的客我交往及影响因素

一、客我交往的含义与特征

（一）客我交往的含义

客我交往，指航空服务人员同旅客之间为了沟通思想，交流感情，表达意愿，解决旅途中共同关心的问题而相互影响的过程，是航空服务存在的条件和方式，没有客我之间的交往就没有航空服务。

（二）客我交往的特征

由于航空服务人员所处的特定地位以及航空旅客所处的特定地位，客我交往表现出一系列特征：

1．交往地位的不对等性。在航空服务交往中，对航空旅客而言，人际交往可以凭兴趣和自愿，但对航空服务人员来说，旅客与服务人员的接触，通常是不对等、不平衡的，也就是说在这种接触过程中只有旅客对服务人员提出要求的权利，而服务人员是不能对旅客提出要求的。不平衡和不对等接触也表明服务人员必须服从和满足旅客的意愿。这样，航空服务人员不可能在服务过程中与旅客处于完全平等的地位。但在航空服务的实践中，有一些传统观念较深的服务人员，由于不能正确理解和处理这种不对等的关系而陷入自卑或逆反从而给航空服务管理和服务质量造成消极影响，不利于民航企业的声誉。

2．交往的公务性。航空服务中的客我交往，主要是处于公务上的需要，而不是个人感情、兴趣爱好等方面的需要。也就是说，在一般情况下，航空服务人员与航空旅客的接触只限于旅客需要的地点和时间内，否则就是打扰旅客的违规行为。

3．交往深度的局限性。航空服务人员与航空旅客之间的接触只限于具体的服务项目，而不能涉及个人关系，更不能对个人历史、家境和性格等进行深入了解。

4. 交往时间的短暂性。由于航空服务本身的特点，旅客从购票、候机、登机、途中飞行直至到达目的地，时间不会太长。这就形成了航空服务交往频率高、时间短的活跃局面。即使在机场候机时间稍长，但客我接触时间仍较少，相互熟悉、沟通的机会很少。

5. 交往结果的不稳定性。航空服务是人与人、面对面的交往活动。由于航空服务人员的个体素质、能力性格差异以及旅客社会地位、经济实力、文化背景和情绪变化的区别，同一服务员在不同的时间、地点，向不同旅客提供同一服务的项目，也会产生截然不同的服务效果，因此，交往结果具有不稳定性。

二、影响客我交往的因素

在航空服务中，会有许多因素影响航空服务人员与航空旅客的交往，其中有主观因素也有客观因素，了解这些因素，对于处理好与旅客之间的关系，搞好民航服务是非常必要的。

（一）影响人际吸引的因素

人际吸引是客我交往中彼此间相互欣赏、接纳的亲密倾向，它是人类基本心理因素之一，也是形成良好人际关系的重要基础。归结起来，包括以下几个方面：

1. 接近且接纳。由于人和人之间在活动空间内彼此接近，因而有助于人际关系的建立，由空间上的接近而影响人际吸引的现象被称为接近性。心理学家经过实验证明，接近是友谊形成的一个重要因素。但是，人与人空间上彼此接近，未必一定彼此吸引，在接近的前提下想要进一步与旅客建立良好的人际关系，彼此相互接纳，无疑是另一个重要因素。所谓接纳，是指接纳旅客的态度与意见，接纳旅客的观念与思想。只有在接近的前提下彼此接纳，才会有助于彼此之间的交往。

2. 相似因素。交往双方相似之处越多，越容易建立起良好的人际关系。比如，相似的年龄、受教育程度，相同的信仰、兴趣爱好，共同的国籍、种族，共同的文化、宗教背景，相同的职业、社会阶层等，都会不同程度地增加人们之间的相互吸引，增加亲密感。因此航空服务人员要善于发现与旅客之间的相似之处，从而增加交往关系。

3. 外貌吸引。在客我交往中，第一印象十分重要，而第一印象的制约因素包括了仪容、仪表和仪态。那么民航服务人员想要增进人际吸引，就应做适当的"印象修饰"，从自己的服饰、举止、面部表情，精神状态等作出适合自身的角色和当时情景需要的行为，产生令人愿意接近和接受的吸引力。

4. 人格吸引。航空服务人员的性格、气质、能力等人格品质，对客我交往关系的建立与维持能产生持久的影响。所以增强自己的人格魅力也是进行良好人际交往的重要因素。开朗、热情、真诚、自信等性格特征是旅客乐于接受的，而冷漠、封闭、虚伪、自卑的人则容易被旅客疏远。同时，客我交往还需要宽容的品格，能够虚怀若谷，容纳旅客的不同意见，对旅客谦恭有礼才能受到旅客的欢迎。

（二）客我交往的心理效应

在客我交往过程中，我们要受到一些社会知觉偏差的暗示和支配，影响人们的客观认识和评价，它们既有好的一面，有时也有失偏差。但了解这些心理因素，对航空服务人员的工作也能带来好处。

1. 第一印象。第一印象很短，但一旦形成就很不容易改变，这种印象会一直影响着航空旅客和航空服务人员以后的交往过程。即使后来的印象和第一印象之间有差异，旅客仍会倾向于服从最初的印象。第一印象往往对航空服务人员的整体评价与看法起着决定性的作用。

2. 晕轮效应。晕轮效应是一把"双刃剑"，如果航空服务人员好的品质先被旅客认知，所形成的"晕轮"会遮掩服务人员的某些失误，也使服务人员有机会对自己的失误加以弥补。如果不良品质先被旅客认知，其所形成的"晕轮"则会遮掩服务人员的优点，而"放大"服务人员的微小失误。

3. 角色扮演。角色，心理学上的解释是一种职能，一种对每个处在这个地位上的人所期待的符合规范的行为模式。角色有四个要点：充当某种角色，就意味着在社会生活中处于某种地位；角色是一种职能，一种权力；每一种角色都有其符合规范的行为模式；一个人一旦充当了某种角色，人们就会按照该角色的标准和要求对其予以相应的期望值。

第四节　航空服务中客我交往的原则及交往技巧

航空服务人员要能与航空旅客保持良好的客我交往，即需要具备健全的人格、正确的认识方式和正常的情绪反应，同时也要讲究相应的交往技巧和技能。

一、客我交往的原则

1. 平等原则。每个人都需要得到别人的尊重，都需要通过交往寻找自己的社会位置，获得他人的肯定，证明自己的价值，而平等的原则正好可以满足客我交往的这一需求。航空服务人员和航空旅客在角色上是不对等的，但交往过程中彼此在人格上是平等的，双方都是彼此的受益者，一定要平等对待，不可盛气凌人或逢迎奉承。

2. 诚信原则。"诚"是诚实，"信"是信用。诚信是人与人之间建立友谊的基础，也是客我交往的根本。在客我交往中，只有双方心存诚意，才能相互理解、接纳和信任，才能有感情上的共鸣，交往关系才能得到发展和延续。但如果航空服务人员给航空旅客以虚假、靠不住的印象，就会失去旅客的信任，很难为旅客提供进一步的服务。在交往过程中，服务人员要恪守"言必行，行必果"的古老传统。

3. 宽容原则。俗话说"金无足赤，人无完人"，宽容是一种美德，也是对健康交往关系的呵护。在客我交往中，要用辩证观点看问题，不过分挑剔旅客。在旅客有不同意见时，要有豁达的气量允许旅客有不同意见。严于律己，宽以待人，不放纵自己、不苛求他人，就会赢得旅客的尊重和喜爱。

4. 赞扬原则。马克·吐温谈到自己被人戴高帽子的感觉时幽默地说："我接受了人家愉快的称赞之后，能够光凭着这份喜悦的心情生活两个月。"从内心深处来讲，人人都希望得到他人的肯定和赞美，你的一点赞美的火花会燃起友谊的火焰。在客我交往中，航空服务人员要善于发现并且鼓励赞扬航空旅客的优点与长处，礼貌相待，才能相互促进和提高。航空服务人员的赞扬会给航空旅客带来愉悦和良好的情绪，反过来，航空旅客的好情绪也会感染到航空服务人员。恰当地赞美他人，会给他人以舒适感。所以，要建立良好的客我关系，恰当的赞美是必不可少的。

二、客我交往的技能与技巧

1. 塑造良好的自身形象。现代社会，人们比较注重服务人员的外表和风度。良好的自身形象和大方的仪表是客我交往的基础，甚至在一定程度上，服务人员的形象如何，将直接影响与旅客关系的质量。航空服务人员在与航空旅客交往时应注意的有：

（1）衣着整洁大方，符合自己的身份和气质，可适当修饰或化妆。

（2）举止得体，谈吐文雅，不言过其实，也不吞吞吐吐。

（3）态度谦和，热情大方，切忌傲慢自大，野蛮无理，目中无人。

（4）在适当时候可展示自己特长和才华，但不可自我吹嘘，故意卖弄。

（5）乐于助人，当旅客需要帮助时，给予全力帮助。

（6）文明礼貌，谦虚谨慎，实事求是。

2. 学会倾听。倾听是对航空旅客尊重的表现，是交谈成功的诀窍。注意和善于倾听的人善于沟通，深得人心。航空服务人员要养成良好的倾听习惯，这将有助于航空服务人员为旅客提供满意的服务。倾听的要领是，耐心听取旅客说话，态度谦虚，目光注视旅客，让旅客感觉到服务人员的专注；在旅客说话的过程中，不随便打断对方，可以适当地提一些简短的问题，通过提问向旅客传达一个信息，表明在认真仔细地听他说话。另外，倾听时要能听出对方的言外之意，把握说话者的真正意图。这样的沟通才是有效的。

3. 学会赞美。赞美的实质是对他人的赏识和激励。现实生活中每个人都希望得到尊重和承认，他人的赞美正好是对这种需要的满足。与旅客交流要使用赞美性的语言，恰到好处地赞美能带来和谐的人际关系，给旅客带来美好的心境。但是，在赞美他人时，要真诚、适度，否则效果会适得其反。

4. 热情有度。热情有度指航空服务人员在为航空旅客服务时，要把握好热情的分寸。热情不够，通常是怠慢旅客；服务热情过度，也会妨碍旅客，同样达不到预期的效果。航空服务人员就应深谙在现代人强调尊重自我的基础上，把握好热情服务的"度"，该热就热，不该热就不热，使旅客在享受服务的过程中心安理得，泰然自若，不受过度礼遇的惊扰。

三、客我交往的注意事项

1. 不卑不亢，心态平和。现代社会生活丰富多彩，在不同的时空，人们所扮演的角色也在不断转变，服务与被服务的角色也应随时间和空间的不同而变化。不卑就是不显得低贱，不亢就是不显得高傲。在旅客面前，服务人员要永远保持平和的心态，既不要有为旅客服务时感觉低人一等，也不要在别人为你服务时傲慢无礼。

2. 不与旅客过分亲密。航空服务人员在为航空旅客进行服务时要注意公私有别。在工作中，出于礼貌或为了创造和谐氛围的需要，服务人员可以和旅客进行一些简单的交谈，但服务人员与旅客交谈不能影响工作也不能离题太远。

3. 不过分殷勤，不过分烦琐。对于旅客提出的要求、托办的事项，服务人员只需要轻声回答"好的"或"明白了"就可以，不要喋喋不休地重复，以免使旅客感到厌烦，否则，这样也是一种失礼的表现。

4. 一视同仁。航空旅客虽然各自的身份、地位、年龄、职业等不一样，但都应当对他们一视同仁。有的航空服务人员以貌取人，这是不可取的，应该摒弃。还有的服务人员见到熟人来乘飞机，就特别客气，甚至长时间大声交流，这会给旅客带来很不好的印象，认为唯亲是尊，给公司带来不好的影响。但对于老、弱、病、残、孕等特殊旅客应该主动搀扶，给予周到的照顾。

5. 表情适度，举止得体。在人际交往中，表情被视为信息传播与交流的一种载体。航空服务人员在向航空旅客进行服务时，有必要对自己的表情进行适当调控，以便更准确适度地向旅客表现自己的热情友好之意。表情包括眼神和微笑。在服务过程中，服务人员还要注意把握好自己的笑容，只有在服务人员迎送旅客或为旅客直接服务时，适度的微笑才是可以被接受的。同时，服务人员在为旅客提供服务时，一定要对自己的举止有所克制，切不可随意散漫、无所顾忌。

小贴士

五种被严格禁止的眼神

一是盯着旅客看，似乎担心旅客进行偷盗；

二是打量旅客，似乎对旅客分外好奇；

三是斜视旅客，似乎对旅客挑剔不止或看不起旅客；

四是窥视旅客，似乎是少见多怪等；

五是扫视旅客，即在旅客的某些部位反复注视，极容易引起旅客、特别是异性旅客的反感。

航空服务中应严格禁止的三种举止

不卫生的举止。如当着旅客的面，对自身进行诸如挖鼻孔、掏耳朵等卫生清理，或者随意用自己的手及其他不洁之物接触旅客所用之物。

不文明的行为。航空服务人员的某些不文明的举止，如当众脱鞋、更衣、提裤子等，难免会对旅客有所影响。

不敬人的举止。对旅客指指点点，甚至拍拍打打、触摸、拉扯对方，不仅对旅客形成一定程度的干扰，甚至会令旅客心怀不满。

思考与练习

1. 影响人际关系的因素有哪些？
2. 如何提高客我交往技能与技巧？

第九章　航空服务中的沟通策略

教学目的　1. 了解人际沟通的含义和作用。

2. 懂得航空服务中沟通的策略与技巧。

3. 学习应对航空服务中常见沟通障碍。

案例导入

在一个航班上，空姐为旅客提供正餐服务时，由于机上的正餐有两种热食供旅客选择，但供应到某位旅客时他所要的餐食品种刚好没有了。我们的空姐非常热心地到头等舱找了一份餐送到这位旅客面前，说："真对不起，刚好头等舱多余了一份餐我就给您送来了"。旅客一听，非常不高兴地说："头等舱吃不了的给我吃？我也不吃。"由于不会说话，空姐的好心没有得到旅客的感谢，反而惹得旅客不高兴。

如果我们的空姐这样说："真对不起，您要的餐食刚好没有了，但请您放心我会尽量帮助您解决。"这时，你可到头等舱看看是否有多余的餐食能供旅客选用。拿到餐食后，再送到旅客面前时，你可这样说："您看我将头等舱的餐食提供给您，希望您能喜欢，欢迎您下次再次乘坐我们航空公司的飞机，我一定首先请您选择我们的餐食品种，我将非常愿意为您服务。"同样的一份餐食，但不同的一句话，却带来了多么不同的结果。

航空服务是与人打交道的行业，而沟通是一门艺术，是一名优秀航空服务人员不可或缺的能力。从上面的案例我们可以看出，如果一位航空服务人员不善于与航空旅客沟通，就可能导致航空旅客的不满，而如果航空服务人员有良好的沟通能力，就能提高服务艺术，达到让航空旅客满意、促进航空服务工作更加顺利的效果。

第一节　沟通的含义和作用

一、沟通的含义及其特点

（一）沟通的含义

所谓沟通，是人与人之间使用语言媒介传递信息、交流思想感情，并产生相应行为的一种社会活动。它包括人与人之间的交流和人类凭借大众媒介如报纸、电视等进行的交流。航空服务中沟通是指人际沟通，也就是指在航空服务中，航空服务人员与航空旅客交流信息和情感的活动。

沟通的目的有三个方面：放大正面心情；发泄负面情绪；采用某些建议以产生良好的结果。

（二）沟通的特点

1. 沟通双方均为主体。在人际沟通中，沟通的双方都是积极的主体，都具有一定的目的、意图、定式。沟通的双方都各自具有自己的目的与动机，同时也都关注着对方的目的、动机和有关的各种重要情况。沟通的双方都是以积极主动的状态参加交流，在交流中谋求共同的目的。在航空服务中，沟通的双方就分别是航空服务人员和航空旅客。航空服务人员在沟通中希望得到航空旅客的理解，努力为航空旅客提供优质服务，而航空旅客也希望得到航空服务人员的关注，获得优质服务。

2. 沟通的媒介是语言。语言是人们用来表达思想、交流感情的交际工具。在航空服务中，语言是每一个航空服务人员完成任务不可缺少的工具。航空服务人员以语言表达方式为主要服务内容，因此语言表达关系着服务质量、服务水平。这里的语言既包括沟通主体说的话，也包括副语言及体态语言。体态语言常常会反映出一个人内心的真实态度，因此，不仅说话而且在肢体动作上也要让别人感受到你的真诚和友善。

3. 沟通必定是双方的联系与互相影响。在人际沟通中，双方必然会因信息交流而产生联系，并且会因沟通中传递的信息内容和态度而相互影响，制约和调整双方的心理及行为。通过沟通，一方可能与另一方就某一问题达成协议，或者使某一方改变原来的主张或态度，或者使一方屈从于另一方。双方的关系既可能由于沟通而更加紧密，也可能因此而疏远或中断。比如说，在航空服务中，航空服务人员的信息传递会影响到航空旅客的情绪和态度。如上述案例中，航空服务人员一句"刚好头等舱多余了一份餐我就给您送来了"，虽然其所想表达的是对航空旅客的热情，但由于语言表达不当，却不仅没有得到旅客的感谢，反而引起旅客的不满，觉得自己是吃了别人剩下的饭菜。

4. 沟通过程中，可能会产生沟通障碍。由于沟通主体双方可能会因社会、心理或文化因素而造成沟通障碍。其中，由社会因素引起的沟通障碍，主要是因为交流双方对交往情境缺乏统一的理解；由心理因素所造成的沟通障碍，主要是由个体心理特征差异决定的；而由文化因素所引起的交流障碍，往往是因为交流双方的文化特征，如风俗习惯、宗教信仰、民族观念等的不统一而引起的。航空服务中，航空服务人员与航空旅客之间也会因社会、心理或文化因素而产生沟通障碍。

二、沟通的作用

沟通是人际交往的基本形式。通过沟通，人们可以了解社会行为规范，了解各种不同社会角色的行为标准，以便在各种社会活动中与其他社会成员在行为上保持和谐一致。通过交往增加对别人的了解，有利于与他人建立和发展和谐友好的关系。心理学家认为，一个人除了睡眠的8小时之外，其余时间70%要花在人际间的各种直接或间接的沟通上。一般的沟通中，9%以书面写作形式进行，16%以阅读形式进行，其余75%则分别用以听取别人和自己说话的交谈方式沟通。当然，这种时间的分配不是绝对的，而是因人因情境而异的。

在航空服务过程中，航空服务人员如果能和航空旅客进行很好的沟通，不仅能提供给航空旅客最需要的服务、化解不必要的冲突和误会，还能满足航空旅客人际交往的需求。具体来讲，主要表现在以下几个方面：

1. 沟通有利于航空服务人员为航空旅客提供良好的服务。信息的沟通，可以让航空服务人员了解航空旅客的需要和困难，使我们有机会帮助他们，有针对性地帮助好他们，从而让自己的能力水平得到航空旅客的认同，并且在实际锻炼中使自己的知识更加广博，服务能力得到进一步的提高。

2. 沟通有利于改善航空服务人员与航空旅客的关系。沟通的基本功能是改善交往双方的关系。首先，沟通可以防止误会。在航空服务中，由于性格、文化程度、宗教信仰等主观原因和时间、地点、环境等客观原因的作用，航空服务人员与航空旅客之间很容易发生误会，一个误会又可能引发一连串的误会，甚至几种误会同时发生。这些误会处理不当，会给服务工作带来不利影响，还可能会造成无法弥补的损失。防止误会的最好途径，就是与航空旅客进行顺畅的沟通。只要沟通正常，误会也就无从产生。其次，沟通可以化解矛盾。航空服务人员面对形形色色的航空旅客，矛盾的产生是在所难免的。而要让矛盾得到解决，前提是不要激化矛盾，这就常常需要以双方的让步为前提。而要使双方都认可让步，沟通就具有举足轻重的作用。在沟通过程中，双方才能了解、理解对方的立场和处境，也才会缓和自己的情绪，缓和紧张的气氛，在沟通中找到双方都能接受的东西，最终化解矛盾。

小故事

当航班延误时

元月2日，我从南京乘坐国航17时30分的CA1562航班返回北京。当天国航14时55分的CA1538航班被取消，乘客被合并到CA1562航班（机上座位满员）。由于南京机场未作解释，部分乘客意见很大，抱怨时间的变故影响了自己原定的安排，一些乘客还把火气转移到了个别乘务员的服务质量上。乘客的说话声音很大，机舱里显得有些混乱。

此时，乘务长闻声而至，俯身婉转地劝慰乘客。她没有强调客观原因，而用谦恭的语气批评自己做得不够，一定还要多做努力，以保证能高质量地为乘客服务。她诚挚地代表国航向因航班取消而受到影响的乘客表示歉意……

这位乘务长极具亲和力的语言、真诚的态度得到了多数乘客的理解和认同，乘客们向她投以赞许的目光。机舱里很快恢复了平静。

这位乘务长对自己的位置、自己的角色定位把握得非常好，说话恰到好处，关键时刻能冷静、理性地妥善解决碰到的问题。

3. 沟通可以促进航空服务人员与航空旅客之间的友谊。航空服务人员若能与航空旅客进行良好的沟通，使航空服务人员与旅客都能体验被尊重、被理解的感觉，从而满足人与人之间相互交往与友谊的需要，从而产生亲密感，双方的关系也会得到改善和调节，增进彼此之间的友谊。

小贴士

良好沟通的益处

能获得更佳更多的合作；

能减少误解；

能使人更乐于作答；

能使人觉得自己的话值得聆听；

能使自己办事更加井井有条；

能增强自己进行清晰思考的能力；

能使自己感觉到有把握完成所做的事。

三、沟通的方式

成功与否，与其说在于交流沟通的内容，不如说在于交流沟通的方式。要成为一名成功的交流者，取决于交流的对方认为你所解释的信息是否可靠而且适合。

在人际交往中，沟通的方式主要有以下几种：

（一）单向沟通与双向沟通

所谓单向沟通，是指沟通的全过程，自始至终由信息发送者向接受者传递。双向沟通，则是指沟通双方相互传递信息，双方既是信息的发送者同时又是信息的接受者。在航空服务过程中，航空服务人员与航空旅客之间的沟通因为要使信息准确传递，所以多采用双向沟通。

（二）口头沟通、书面沟通与混合沟通

口头沟通是指会谈、讨论、演讲、口头通知及电话联系等口语化的沟通。书面沟通则是指书面通知、报刊、书面报告等文字形式的沟通。混合沟通是指口头与书面沟通相结合的沟通形式。口头沟通比较灵活、迅速，双方可自由交换意见，而且还可以互相传递情感。在航空服务中，航空服务人员与航空旅客主要采取的是口头沟通。口头沟通必须要求口齿清楚、言语简洁、抓住中心，否则会影响沟通效果。

（三）有意沟通与无意沟通

有一定目的的沟通叫做有意沟通。有意沟通时，沟通者对自己沟通的目的都会有所意识，比如谈话、打电话、写信，甚至闲聊，都是有意沟通。

虽然事实上在与别人进行着信息交流，但我们并没有意识到沟通的发生的沟通，叫无意沟通。心理学家认为，事实上，出现在我们感觉范围中的任何一个人，都会与我们存在某种信息交流。比如在航空服务中，看到航空旅客说话语速慢，你也会自觉地跟着让语速缓慢下来。同样的情况也会发生在对方身上。这说明，服务人员与旅客之间已经有了信息沟通。

（四）语言沟通和非语言沟通

所谓语言沟通，是指以语言符号实现的沟通。它是沟通可能性最大的一种沟通，在人类的一切经验当中，共同性最大的就是语言。因此，语言沟通是最准确、最有效的沟通方式，也是运用最广泛的一种沟通。

所谓非语言沟通，是指借助于非语言符号，如姿势、动作、表情、接触以及非语言的声音和空间距离等实现的沟通。非语言沟通的实现有三种方式。第一种是通过动态、无声的目光、表情动作、手势语言和身体运动等实现沟通；第二种是通过静态无声的和身体姿势、空间距离及衣着打扮等实现沟通。这两种非语言沟通统称身体语言沟通。第三种，是通过非语言的声音，如重音、声调的变化等来实现的沟通。这种非语言的声音信号被心理学家称为副语言。副语言在沟通过程中起着十分重要的作用。一句话的含义常常不是决定于其字面的意义，而是决定于它的弦外之音。一句"真不错"，当音调较低，语气肯定时，表示的是由衷的赞赏；而当升高音调、语气抑扬时，则变成了刻薄的讥讽和幸灾乐祸。

在航空服务中，航空服务人员与航空旅客之间的语言沟通和非语言沟通都有着重要的作用，航空服务人员应恰如其分地运用这两种沟通方式。

第二节　航空服务中的沟通策略与技巧

交流沟通是人类行为的基础。沟通是人们获取信息并在其指导下更加出色地进行工作必经的核心过程。但是，你的交流沟通是否能准确传达出你的愿望、或对某事不予赞同的态度？作为一名航空服务人员，要顺利完成服务工作，并为航空旅客提供优质服务，在与航空旅客交流沟通时，就要讲究沟通策略和技巧，不仅要把自己的思想整理得井然有序并将其进行适当的表述，使航空旅客一听就懂，而且还要深入人心。

一、航空服务的沟通策略

（一）倾听

心理学家认为，在沟通过程中，80%应该是倾听，其余20%是说话。所以最佳的方法是不断地让对方发言，愈保持倾听愈握有控制权。而在20%的说话中，问问题又占了80%，以问问题而言，愈简单明确愈好，答案非是即否，并以友好的态度和缓和的语调为之，那么一般人的接受程度都极高。在航空服务过程中，航空服务人员要耐心地倾听航空旅客说话，并且在倾听时要避免轻易打断航空旅客说话；发出认同航空旅客的"嗯…""是…"之类的声音，但不打断他的话，等到他停止发言时，再发表自己的意见。

（二）沟通中不要指出对方的错误，即使对方是错误的若你沟通的目的是不断证明别人的错处，则沟通是不可能良好的。在现实中，我们经常会看到这样一种人：自认为自己什么都是对的，且不断地去证明，但却十分不得人缘。因此，航空服务人员不妨让与你沟通的航空旅客不失立场，同时也可以让他以另一种角度来衡量事情，而由他自己决定什么是好是坏。因为凡事无所谓对错，只是适不适合你而已，沟通的道理亦同。

（三）表达不同意见时，用"很赞同……同时……"的模式。

航空服务人员在与航空旅客沟通时，如果并不赞同对方的想法，但还是要仔细倾听他话中的真正意思。若要表达不同的意见，不应该说："你这样说是没错，但我认为……"而应该说："我很感激你的意见，我觉得这样非常好；同时，我有另一种看法，来互相研究一下，到底什么方法对彼此都好……""我赞同你的观点，同时……"也不用"可是，但是……"的句式，因为这两样的句式很可能会中断沟通的桥梁。优秀的沟通者都有方法能"进入别人的频道"，让别人喜欢他，从而博得信任，表达的意见也易被对方采纳。

（四）妥善运用沟通三大要素

人与人面对面沟通时的三大要素是文字、声音及肢体语言。经过行为科学家60年来的研究，面对面沟通时，三大要素影响力的比率是文字7%，声音38%，肢体语言55%。一般人常强调说话的内容，却忽略了声音和肢体语言的重要性。其实，沟通便是要达到一致性以及进入别人频道，亦即你的声音和肢体语言要让对方感觉到你所讲和所想与自己十分一致，否则，对方将无法接收到正确讯息。因此，航空服务人员在与航空旅客沟通时应不断要求自己说话内容、声音、肢体动作保持一致性。

二、有效沟通的行为法则

沟通要讲究方法和艺术，要给对方台阶下。如对一位高声吵闹的航空旅客礼貌地说："您先喝口水消消气。"然后以足够的耐心让航空旅客把话讲完，本着大事化小，小事化了的原则提出解决问题的办法。在解决问题时不要与旅客争执，应该借助沟通的艺术，化解不同的见解与意见。以下提供几个有效沟通的行为法则：

（一）自信的态度

一般事业有成的人士，他们不随波逐流或唯唯诺诺，有自己的想法与作风，但却很少对别人吼叫、谩骂，甚至连争辩都极为罕见。他们对自己了解得相当清楚，并且肯定自己。他们的共同点是自信，有自信的人常常是最会沟通的人。

（二）热情的态度

对每一位旅客都要一视同仁，面对旅客应主动问候、主动沟通，这是和旅客建立良好沟通的开端。而热情的微笑，起着润滑剂的作用，它能使紧张的关系变得轻松；面对真诚的笑脸时，沉重的心可以得到抚慰，浮躁的心可以暂时获得宁静，愤怒的心能得到舒缓。要把旅客看做亲人，以亲人般的情怀去体察不同旅客的心。

（三）体谅

这其中包含"体谅对方"与"表达自我"两方面。所谓体谅是指设身处地为别人着想，并且体会对方的感受与需要。当我们想对他人表示体谅与关心，唯有我们自己设身处地为对方着想。由于我们的了解与尊重，对方也相对体谅你的立场与好意，因而会做出积极而合适的回应。

航空服务人员会接触到各种类型的人，有的人文雅礼貌、举止文明，有的人粗暴野蛮、行为古怪。我们尽量去体谅旅客，多一分宽容和耐心，与旅客形成轻松、和谐、完美的人际关系。

（四）适当地提示对方

产生矛盾与误会的原因，如果出自于对方的健忘，我们的提示正可使对方信守承诺；反之若是对方有意食言，提示就代表我们并未忘记事情，并且希望对方信守诺言。

（五）有效地直接告诉对方

一位知名的谈判专家介绍他成功的谈判经验时说道："我在各个国际商谈场合中，时常会以'我觉得'（说出自己的感受）、'我希望'（说出自己的要求或期望）为开端，结果常会令人极为满意。"其实，这种行为就是直言不讳地告诉对方我们的要求与感受，若能有效地直接告诉你所想要表达的对象，将会有效帮助我们建立良好的人际网络。但要切记"三不谈"：时间不恰当不谈；气氛不恰当不谈；对象不恰当不谈。

（六）善用询问与倾听

询问与倾听的行为，是用来控制自己，让自己不要为了维护权力而侵犯他人。尤其是在对方行为退缩，默不作声或欲言又止的时候，可用询问引出对方真正的想法，了解对方的立场以及对方的需求、愿望、意见与感受，并且运用积极倾听的方式，来诱导对方发表意见，进而对自己产生好感。一位优秀的沟通者，绝对善于询问以及积极倾听他人的意见与感受。一个人的成功，20%靠专业知识，40%靠人际关系，另外40%需要观察力的帮助，因此为了提升我们个人的竞争力，获得成功，就必须不断地运用有效的沟通方式和技巧，随时有效地与人接触沟通，只有这样，才有可能使你事业成功。

航空服务人员在想为旅客提供更好的服务之前，要了解旅客的需求。而善于询问和倾听是了解旅客真实想法的最好途径。

小贴士

不伤感情而改变他人的九大技巧

1. 从称赞及真诚的欣赏着手。
2. 间接地提醒别人注意他的错误。
3. 在批评对方之前，先谈论你自己的错误。
4. 建议对方，而不是直接下命令。
5. 使对方保住面子。
6. 称赞最微小的进步，并称赞每一次进步。
7. 给人一个好名声，让他为此而努力奋斗。
8. 多用鼓励，使别人的错误更容易改正。
9. 使对方乐于做你所建议的事。

三、航空服务中的语言沟通艺术

作为一名航空服务人员，语言艺术在服务工作中是基础性的，也是最重要的。语言得体、谈吐文雅、满面春风，能使客人"闻言三分暖"，见面总觉得格外亲。要做好服务工作，就要学好服务语言，掌握语言艺术，用礼貌、幽默的语言与旅客交谈，并用含蓄、委婉使人不会受到刺激的话代替禁忌的语言。

（一）服务语言的艺术化

服务语言是服务人员素质和服务艺术的最直接体现，语言表达是航空服务人员的基本技能。在航空服务中，服务语言艺术的运用如何，会给服务工作带来不同的结果。一句动听、富有艺术性的语言，会给航空公司带来很多回头客；而一句让航空旅客不满意的语言，很可能就会从此失去一位或多位航空旅客。

服务语言是航空旅客对服务质量评价的重要标志。在服务过程中，语言适当、得体、清晰、纯正、悦耳，会使航空旅客有柔和、愉快、亲切之感，对服务工作产生良好的反应；反之，服务语言"不中听"，生硬、唐突、刺耳，航空旅客会难以接受。强烈的语言刺激，还会引起航空旅客的不满与投诉，严重影响航空公司的信誉。

航空服务语言与讲课、演讲以及人与人交往中一般的礼貌用语是有很大差别的。在服务语言标准化的基础上，通过措辞、速度、语调、表情，使语言表达得准确清晰，语言充满挚情善意，富有感染力和说服力，显示出服务人员的知识素养和文明服务水平，使旅客感到轻松自如。

小贴士

艺术性的礼貌服务用语要求

◇语调要柔和、清晰、准确、纯正，悦耳。

◇语言要言简意赅。

◇语言要与表情相一致。

◇语言要与动作相一致，人若满腔热情，说话时便会不由自主地加上动作，做动作时也会自然而然地伴随着语言。

服务人员在为旅客服务时，应尽量在自己说话时配以适当的表情和动作，并保持一致性，要以饱满的热情，拿出最佳状态，才能取得最好的效果。

（二）常用艺术性服务语言

1. 称谓语。如小姐、先生、夫人、太太、女士、大姐、阿姨、同志、师傅、老师、大哥等。这类语言的处理，要求恰如其分；清楚、亲切；吃不准的情况下，对一般男士称先生，女士称小姐；灵活变通。

2. 问候语。如先生，您好！早上好！中午好！晚上好！圣诞好！新年好！这类语言的处理，要求注意时空感，避免让人听起来就感到单调、乏味。例如，圣诞节时如果向客人说一声"先生，圣诞好！"就强化了节日的气氛。问候语还应该把握好时机。

3. 征询语。征询语确切地说就是征求意见或询问时的用语。例如，"先生，您有什么吩咐吗？"征询语常常也是服务的一个重要程序，征询语运用不当，会使旅客很不愉快。

使用这类语言时要注意以下几点：一要注意客人的形体语言。例如，当旅客东张西望的时候，从座位上站起来的时候，或招手的时候，都是在用自己的形体语言表示他有想法或者有要求了。这时服务员应该立即走过去说"小姐，请问我能帮助你做点什么？""先生，您有什么吩咐吗？"二要用协商的口吻。经常将"这样可不可以？""您还满意吗？"之类的征询语加在句末，显得更加谦恭，服务工作也更容易得到客人的支持。应该把征询当做服务的一个程序，先征询意见，得到客人同意后再行动，不要自作主张。

4. 拒绝语。例如，"您好，您的想法我们理解，但恐怕这样会违反规定，给旅客安全带来影响，谢谢您的合作。"拒绝语的使用要注意：一般应该先肯定，后否定；语气委婉，不简单拒绝。

5. 指示语。例如，"先生，请一直往前走！""先生，请随我来！"

使用这类语言时，一要避免命令式。命令式的语言，会让客人感到很尴尬，很不高兴，甚至会与服务员吵起来。如果你这样说："先生您有什么事让我来帮您，您在座位上稍坐，我马上就来好吗？"可能效果就会好得多。二要配合手势。有的服务人员在碰到客人询问地址时，仅用简单的语言指示，甚至挥挥手、努努嘴，这是很不礼貌的。正确的做法是运用明确和客气的指示语，并辅以远端手势、近端手势或者下端手势，在可能的情况下，还要主动地走在前面给客人带路。

6. 答谢语。例如，"谢谢您的好意！""谢谢您的合作！""谢谢您的夸奖！""谢谢您的帮助！"答谢语的使用，要注意：客人表扬、帮忙或者提意见的时候，都要使用答谢语。哪怕航空旅客有的意见不一定提得对也不要去争辩，而是都要表示感谢："好的，谢谢您的好意！"或者"谢谢您的提醒！"客人有时高兴了夸奖服务人员几句，也不能心安理得，无动于衷，而应该马上用答谢语给予回报。

7. 提醒道歉语。例如"对不起，打搅一下！""对不起，让您久等了！""请原谅，这是我的错。""对不起，机组没有医生，这就为您广播找医生。"

提醒道歉语是服务语言的重要组成部分，使用得好，会使旅客在旅行的随时都感受到尊重，并留下良好的印象。提醒道歉语是一个服务必要的程序，缺少了这一个程序，往往会使服务出现问题。

四、航空服务中身体语言的沟通

身体语言沟通是人们进行信息沟通的一种主要形式。它所提供的信息，对沟通过程和沟通结果产生深刻的影响。身体语言作为非语言沟通，在航空服务人员与航空旅客的沟通中发挥着重要的作用。

（一）目光接触。眼睛在非语言沟通中运用很广泛，它在非语言行为中自成一体。"眼睛是心灵的窗户""眉目传情"等词的运用，说明了人的眼睛在情感交流中的重要地位和作用。

在沟通中，目光接触是一种极为重要的手段。它可以作为一种认识手段，比如直接的目光接触表明你对说话者十分感兴趣；它可以控制、调整沟通者之间的互动；它可以用来表达人的感情。比如，从一个人的眼神中可以看出他在沟通情境中的激奋和卷入程度；它也可以用来作为提示、告诫以及监视的手段，人们相互之间交谈的时候往往通过目光接触来了解自己的话语对他人的影响如何，也同样以凝视他人来表示自己正在洗耳恭听。航空服务人员在与航空旅客沟通过程中，应该注意双方目光接触连续累积应达到全部时间的50％以上。从目光接触的部位上看，注视的应该是倒三角部位、两眼以下至嘴，这才自然而不失礼貌。目光接触时还应该注意自己的态度要真诚、热情。

知识链接

眼神里的心理学

眼神是心灵之窗，心灵是眼神之源。在眼球后方感光灵敏的角膜含有1.37亿个细胞，将收到的信息传送至脑部。这些感光细胞，在任何时间均可同时处理150万个信息。这就说明，即使是一瞬即逝的眼神，也能发射出千万个信息，表达丰富的情感和意向，泄露心底深处的秘密。所以，眼球的转动，眼皮的张合，视线的转移速度和方向，眼与头部动作的配合，所产生的奇妙复杂的眉目语，都在传递着信息，进行着交流。

现代研究发现：眼睛是大脑在眼眶里的延伸，眼球底部有三级神经元，就像大脑皮质细胞一样，具有分析综合能力；而瞳孔的变化，眼球的活动等，又直接受脑神经的支配，所以人的感情自然就能从眼睛中反映出来。瞳孔的变化是人不能自主控制的，瞳孔的放大和收缩，真实地反映着复杂多变的心理活动。若一个人感到愉悦、喜爱、兴奋时，他的瞳孔就会扩大到比平常大四倍；相反的，遇到生气、讨厌、消极的心情时，他的瞳孔会收缩得很小；瞳孔不起变化，表示他对所看到的物体漠不关心或者感到无聊。

事实上，通过眼神来传情达意，是一种普遍的心理现象。

眼神传递的心理，在两性关系上尤为突出。古时候，当两性相爱时，曾有"心许目成""暗送秋波"之词，来表达他们的情花爱果。当今，使用的词语更丰富，比如"眉来眼去""含情脉脉""眉目传情""一见钟情"等等。因此，眼神虽不是有声语言，却恰似有千言万语的随心传播。正如古罗马诗人奥维特所说："沉默的眼光中，常有声音和话语。"

（二）手势。在人类非语言沟通中，手势起着非常重要的作用。它有时可以代替说话；有时可以用来强调某一问题，或通过这种非语言的方式描述语言；有时还可以给说话者提供缓解紧张的机会，也就是说手势象征着说话者的情绪状态。比如，当两个国籍不同、语言相异的人沟通时，人们往往借助手势表达自己的意思。

小知识

手势"V"的来历

第二次世界大战中，英国首相丘吉尔发明了手势"V"，成了世界上广为运用的代表胜利的手势语（"V英文Victory"意为"胜利"的头一个字母，竖起中指与食指并展开，就成了"V"字）。

（三）体态。指运动性体态。一个人的体态动作往往反映着这个人对他人所持的态度。如在交谈中，一方有打呵欠、看手表等动作，就意味着这人有一定程度的厌烦情绪。见面时，一方伸手，另一方紧随，适度相握，表示友好和诚意；如果一方伸手，而另一方动作缓慢，且稍稍一碰就收回，则表示消极和冷淡等等。航空服务人员如果和某个航空旅客站在一起时，别忘了注意一下他们双脚所指的方向。因为当人们觉得谈话已经结束，脚尖就会不自觉地指向他们要离去的方面。如果两人意见不一致，他们会不经意地转过身去，表示不悦。

（四）面部表情。这是最常用的也最为有效的沟通区域。人的面部数十块肌肉，可以作出上百种不同的表情，准确地传达出各种不同的内心情感状态。表情可以有效地表现肯定与否定、接纳与拒绝、积极与消极、强烈与轻微等各种难度的情感。人们可以通过表情来显示各种情感，也可以运用表情来表达对别人的兴趣；可以通过表情来显示对一件事情的理解状态，也可以经由表情表达自己的明确判断。在航空服务中，航空服务人员要善于观察、判断航空旅客的面部表情，了解旅客的情绪反应，为航空旅客提供满意的服务。

（五）服饰。曾经，衣着服饰能够反映人们的政治、经济地位，但随着社会的进步和经济的发展，服饰的这一作用已逐渐退化了。现在，服饰主要体现人们的职业、个性和即时活动的内容等。利用现代服饰的这一功能，在航空服务过程中，航空服务人员可以透过服饰了解对方的职业和个性以及即时心情，作为选择沟通方式的重要依据，以促进沟通的顺利进行。

（六）空间距离。这是身体语言沟通的另一个比较重要的方面。人际沟通时，需要保持一定的距离，这个距离因双方的关系、当时的心情、交往双方的个性等远近不一。但每一个人都需要一个个体空间，如果这个个体空间受到侵犯，就会让他感到明显的焦虑和不安。

知识链接

人际交往的最佳距离

与人交往的空间距离是多少呢？这首先要看你与谁交往。美国学者霍尔研究发现，46厘米至61厘米属私人空间，女友可以安然地待在男友的私人空间内。若其他女人处在这一空间内，她就会显得不高兴，甚至会大发雷霆。同样，男友也可以自由自在地待在女友的私人空间内；若其他男人进入这空间时间稍长，他肯定会吃醋。私人空间可以延长到76厘米至122厘米，若讨论个人问题是再恰当不过的了。你若是与情人约会，可千万不能超过46厘米，否则对方觉得你疏远了他（她），对他（她）没有热情，可能引起情人间的误解。到办公室找领导办事，最佳的空间距离为122厘米至213厘米。小于该距离，领导会误认为你强人所难；大于这个距离，领导会误认为你不真心实意想办事。领导人的办公桌较为宽大，就告诉了你这一空间信息。

若你想从非亲密朋友那里获得某种信息，有效的空间距离为213厘米至366厘米。小于这一空间给人以盛气凌人的印象；大于这一空间会使别人觉得你没礼貌，你也就不可能获得真实的信息。这个空间距离也是与普通朋友交谈的适当距离，过小他人就认为你俩在密谋不可告人的勾当；过大你都会觉得话不投机半句多。366厘米以上的距离，是演讲者与听众或两人不愉快谈话的有效空间。

有趣的是与不同文化背景的人交往，要处理不同的人际空间。若与美国人交谈，必须保持在60厘米左右的空间距离上，这是他们认为最有分寸最友好的空间；若与一名阿拉伯人谈话，就要小于这个距离，否则就会出现你往后退他往前追的滑稽场面。因为，前者生活在非常接触性文化环境中，而后者则生活在接触性文化环境中。

心理学家研究表明，人们离他喜欢的人比离他讨厌的人更近些，要好的人比一般熟人靠得更近些。同样亲密关系情况下，性格内向的人比性格外向的人保持较远些的距离；异性谈话比同性相距远一点，两个女人谈话总比两个男人谈话挨得更近些。

合理运用你和他人的空间，会使你取得意想不到的交际效果。

（七）辅助语言和类语言。在人们的沟通过程中，辅助语言和类语言起着十分重要的作用。辅助语言，包括声音的音调、音量、节奏、变音转调、停顿、沉默等。而类语言，则是指那些有发声而无固定意义的声音，如呻吟、叹息等。在人们的沟通中，一个人怎么说，事实上比他们说些什么更为重要。在与人沟通中，我们往往能够单凭声调就能准确地判断说话者的性别、年龄、精力、热情程度以及来自哪一地区，甚至还能据此判断一个人的社会地位、情绪状态等等。在航空服务过程中，航空服务人员要努力做到准确识别航空旅客的辅助语言和类语言，并运用好辅助语言和类语言以提高自己的沟通能力，提高服务水平。

小贴士

交际高手的谈话艺术

◇应善于运用礼貌语言
◇不要忘记谈话目的
◇要耐心地倾听谈话，并表示出兴趣
◇应善于回应对方的感受
◇应善于使自己等同于对方

◇应善于观察对方的气质和性格
◇应善于观察对方的眼睛
◇应力戒先入为主
◇要消除对方的迎合心理
◇要善于选择谈话机会

知识链接

常见的情绪及相对应的身体语言

常见情绪	身体语言
紧张或害怕	睁大眼睛、好动、回避目光接触、手乱动
愤怒或受挫	皱眉、瞪眼、表情严肃、走路很快、来回踱步、握拳
急躁	叹气、点头、走来走去、跺脚
悲伤	哭泣、皱眉、耸肩
不知所措	挠头、皱眉、摆手
撒谎	避免目光接触、以手掩口
怀疑	摇头、睁大眼睛
心不在焉	没有目光接触、四下张望
厌倦	叹气、脑袋乱动
窘迫	回避目光接触、咬嘴唇、咬手指、挪动身体、拉扯衣服
幸福或快乐	张嘴、睁大眼睛、张开双手、微笑
兴奋和惊奇	头部后仰、嘴巴微张、眉毛上扬
轻松或舒适	表情愉悦、双肩放松、跷起二郎腿
思考	以手托腮、皱眉
自信	身体挺直、目光接触、抬头、快走、微笑、肩部放松

（资料来源：《民航服务心理与实务》张澜编著　旅游教育出版社 2007 年 8 月）

第三节　航空服务中常见的沟通障碍与应对

在航空服务过程中，航空服务人员与航空旅客之间，由于语言、文化、个性特征、社会地位等方面的差异，也会出现许多沟通问题，引发沟通障碍甚至沟通失败。如何克服这些障碍，提高航空服务水平，为航空旅客提供优质的服务，是航空服务人员应该思考和努力的。

一、航空服务中常见的沟通障碍

（一）个性差异障碍

个性品质差异较大者难以沟通。比如善于抽象思维的人与善于形象思维的人彼此之间交流信息就可能发生障碍。但即使个性品质相似，若具有下列个性品质——自私自利、虚伪、狡猾、不尊重人、猜疑心重、报复心强、自卑心强、孤独、固执等等，也不一定能顺利沟通。航空旅客容易相信热情善良、态度诚恳的航空服务人员，而不愿轻信那些不尊重人、服务态度冷淡的航空服务人员。

（二）情绪情感障碍

人与人之间的情感距离远近会直接影响沟通是否顺畅和效果好坏。情感亲近、关系融洽，沟通就容易进行；反之，若是情感疏远，就容易产生逆反心理，沟通就会难以有好的效果，甚至难以进行。一个航空服务人员如果不被航空旅客所接受，那么他是很难与旅客进行良好的沟通的。航空服务人员要注意在与航空旅客沟通中，掌握好情绪反应的尺度，不要过于热情或反应冷淡；也不要与他人情绪反应方向相反，如人家伤心他却觉得有趣；更不能暴怒，让自己不能控制住情绪而与旅客发生争执和冲突。

（三）角色地位障碍

虽然工作只有分工不同，而没有高低贵贱之分，但在实际生活中，仍有人对服务工作持轻视态度。认为航空服务人员不过是伺候人的工作，所以吆五喝六、指手画脚，或者仗着自己有钱有势，不尊重航空服务人员，甚至为难他们。另外，也有的航空服务人员觉得自己是百里挑一选上来的，因而自恃清高，态度高傲，对航空旅客缺乏热情和耐心，让旅客难以接近。

（四）文化背景障碍

不同的人群有着不同的文化传统习惯和沟通模式，因而不同传统习惯的人们之间就容易产生沟通障碍。同样的语言、同样的手势，不同文化传统下意思会完全不同。比如，在西方，直呼其名表示的是一种亲密、随意和平等，但是在东方国家里则很可能被认为是不尊重。由于语言、文化和礼节的不同，使国际环境中的信息沟通显得更为棘手。如果沟通双方的文化程度相差很大，也容易出现沟通障碍。文化程度低的人可能会听不懂文化程度高的人表达的信息；而文化程度高的人又可能不爱听文化程度低的人的表达方式，彼此难以接受对方而形成沟通障碍。

（五）语言障碍

语言是人与人之间沟通、交流思想的主要工具，是用以表达思想的符号系统。由于人们的语言修养有很大差异，所以，同样一种思想，有的人能表达得很清楚，但有的人就不能表达清楚。如果一个航空服务人员不能清楚、准确地传达相关信息，让航空旅客不知所云，或者理解错误，就会影响沟通效率。在语言的理解上，有的人理解能力强，就能很好地把握住别人话语的意义，而有的人却容易对别人的话语产生误解和曲解。

在语言种类的使用方面，国内航线都要求使用标准的普通话，全国也推广普通话，目的也就是减少地方语言交流的障碍。而调查表明，在我国主要的国际航线中，有43%左右的国际航空旅客希望航空服务人员用英语沟通。而随着全球范围内国际之间经济、文化、贸易往来互动的频繁，对其他一些语种的需求也增加了。

（六）态度障碍

在人际交往中，态度的不同，也会成为双方沟通的障碍。在航空服务中，如果航空服务人员缺乏正确的服务理念，就会出现冷漠、怠慢等不良的服务态度，从而引起航空旅客的不满。

二、航空服务中常见沟通障碍的应对技巧

（一）了解航空旅客

了解是沟通的前提。航空服务人员在与航空旅客进行沟通时，不要盲目行事，要在对航空旅客有相当程度的了解之后才进行。

1. 了解航空旅客的个性特点和当前心境。当了解了航空旅客的个性后，才能确定正确的沟通方式和策略。比如对脾气急躁的旅客，我们就不能着急，不能火上浇油，而是要以软服硬。当了解了航空旅客的心境时，也才能抓住最有效的沟通时机。当航空旅客心绪不宁时，是无法集中精力考虑问题的；当航空旅客刚遭受挫折时，很可能对这时出现在自己面前的人没有好态度。这时航空服务人员就不要急着与航空旅客进行沟通，而是要等待他情绪缓和一点后再与之沟通，以免自讨无趣。

2. 了解航空旅客所持的观点、意见和态度。沟通的过程也就是寻找双方共同点的过程。这就需要航空服务人员对航空旅客的观点、意见和态度要有一定了解，否则沟通就不能做到有的放矢，解决问题。因为航空服务人员的目的是为航空旅客提供满意的服务，所以要从服务对象的意见出发，才能使沟通更加顺利进行。

3. 了解航空旅客的思维方式。如果航空旅客属于冷静沉着型，精于逻辑思维，航空服务人员在与之沟通时就应该条理分明地逐步展开自己的观点；如果航空旅客属于热情有余而沉稳不足型，航空服务人员就应该尽量在很短的时间内抛出自己的主题，以免对方听错或没有耐心听下去；如果航空旅客属于想象丰富型，航空服务人员就要尽量注意自己的每一句话不要让对方派生出许多歧义或引发无谓的想象。

（二）正确使用身体语言

前面我们已经了解了身体语言在沟通中的重要性。在航空服务中，航空服务人员与航空旅客要达到顺利而良好的沟通，就要提高自己有效使用身体语言的能力。从体态上来看，笔直的站姿，会让航空旅客感觉到航空服务人员良好的职业素质，若是双肩下垂、脑袋耷拉、脚乱蹭地面，会让航空旅客感觉到你消极的服务态度；从表情上来看，要努力让真诚微笑始终挂在你的脸上。微笑是人际交往的通行证。微笑是一种令人愉快的表情，是一个人乐观自信和沉着冷静的表现。微笑可让航空旅客感觉到友善和亲切，使你获得航空旅客的好感，乐意与你交往和做朋友，帮你获得好人缘。从目光来看，航空服务人员要保持与航空旅客的目光接触，把表示赞赏和真诚的感情传达给对方。总之，航空服务人员要以恰当的身体语言把自己积极的、热情的态度传递给航空旅客，以避免或清除与航空旅客在沟通中的障碍。

读一读

关于微笑

卡耐基先生说过："微笑，它不花费什么，但却创造了许多成果。它丰富了那些接受的人，而又不使给予的人变得贫瘠。它产生在一刹那间，却给人留下永久的记忆。"

确实，微笑不仅在外观上给人的美感，而且这种表情所传递、表达的是可喜的信息和美好的感情。微笑总是给人们带来友好的感情，给人带来欢乐和幸福，带来精神上的满足。微笑可以缩短人与人之间的距离，化解令人尴尬的僵局，沟通彼此的心灵，使人产生一种安全感、亲切感、愉快感。

微笑对于服务业来说至关重要。

美国希尔顿饭店从1919年到1976年间从一家旅馆扩展到70多家，遍布世界五大洲的各个大都市，成为全球最大规模的旅馆之一。50多年来，希尔顿旅馆生意之好，财富增加得如此之快，其成功的秘诀之一就在于服务人员微笑的影响力。希尔顿旅馆的公司董事长唐纳·希尔顿在50多年里不断地到世界各地的希尔顿旅馆视察业务，他向各级员工问得最多的一句话就是："你今天对客人微笑没有?"微笑的魅力就是希尔顿旅馆成功的秘诀之一。

同样的美国一家百货商店的人事经理曾经说过，她宁愿雇佣一个没上完小学但却有愉快笑容的女孩子，也不愿雇佣一个神情忧郁的哲学博士。

由此微笑的重要性是不言而喻的。

（三）熟练掌握语言技巧

航空服务人员在与航空旅客沟通交流过程中，要熟练地掌握语言技巧。一方面，要注意遣词造句；另一方面，说话时要注意语音、语气和语调等。一般来讲，温柔的声音给人以温和感，表现的是爱与友善；强硬的语气，给人以挤压感，表现的是憎恶和厌烦；声音洪亮、中气十足，给人以跳跃感，表现的是喜欢和欣然；粗重的呼吸和声音给人以震动感，表现的是愤怒和威吓等等。尤其面对不配合的航空旅客，航空服务人员在处理事情时，特别要注意自己说话的语气、语调，不要伤及他们的自尊心，即使航空旅客没有道理，也要用诚意打动他。总之，熟练掌握语言技巧，不仅可以避免很多沟通障碍的产生，也可以化解很多沟通中的误会，使障碍消除。

小贴士

使人赞同你的十二种方法

1. 赢得辩论的唯一方法是避免辩论。
2. 尊重别人的意见，千万不要指责别人的错误。
3. 如果你错了，迅速坦诚地承认错误。
4. 用友善的方法开始。
5. 使对方立刻说"是，是"。
6. 使对方多多说话。
7. 使对方觉得那是他的主意。
8. 真诚地从对方的观点来看待事情。
9. 同情别人的想法和愿望。
10. 激发人们高尚的动机。
11. 戏剧化地表现你的想法。
12. 提出一项有意义的挑战。

（四）培养"三诚"

沟通中需要三诚，即诚心、诚恳、诚实。现在的沟通倡导"以对方为中心"和"同理心"，甚至通过去模仿对方的行为，进而引导对方。其实在现实社会中，如果你用所谓的"沟通技巧"，有经验和阅历的人，会很容易看穿你。要把所谓的沟通技巧与自己融合为一体非常困难，有的时候就像穿一件不合身的西服，怎么看怎么别扭。因此自我修炼比技巧更重要，自我修炼就是修炼一种品质，而不是某些技巧。修炼要从以下三个方面来进行。

1. 培养诚心。有句古话："诚于内而形于外"，还说："相由心生"。诚心就是说要有一颗正直、诚实的心。这种诚心，别人是可以从相貌、声音等外在表现感觉到，无形中可以使得别人更快地接受你，使得沟通更为顺畅。做到诚心，别人认可了你，才谈得上"以别人为中心"，才使得沟通有一个好的基础。

2. 诚恳的态度。诚恳是一种态度。你用什么样的态度来对待别人，别人就会用怎样的态度来对待你。因此我们要保持在不同的对象、不同的环境下都采取诚恳的态度。要发自内心地对别人真正感兴趣；要有一种观念，每个人都是我的老师，我都能从别人身上学到很多东西。在沟通的过程中还要善于找到话题，这些话题可以是新闻、天气，也可以是机场、客舱环境、航空旅客的身体状况。在沟通的时候，还要严格自律。我们每个人都是对自己最感兴趣，每个人都善于表达自己，想表达自己的见解和想法，自己的事情，而不是以对方为中心，这就需要严格自律。最后还不要经常打断别人的讲话，做到耐心而专注地听别人讲。所有的这些在别人看来就是诚恳的态度，不加掩饰的诚恳的态度是最好的武器。

3. 诚实的话。诚实是一个说话的原则。但是诚实是有条件的、分情况的，不是在任何时间、场合、面对任何人都要诚实。也就是说诚实是有条件和看情况的。航空服务人员在与航空旅客沟通时，在不能说谎话的情况下，只能说："不知道。"

所以我们在与航空旅客沟通的时候，要不断地修炼自己的品质、诚心，沟通的过程中以对方为核心，要有诚恳为对方解决问题的态度，这样才能化解不同的见解与意见，建立共识，达成良好沟通的目的。

（五）努力学习，提升自己的知识与能力

小故事

明朝为什么迁都北京

一次在执行航班任务中，一位海外老人和我攀谈中问到："你是什么地方人啊？"我回答是江苏人。他又问我："你熟悉你们的省会南京吗？"我谦虚地说："略知一二。"他又问"南京是六朝古都，是哪六朝啊？"我曾经看过这类的旅游简介，回答了他。他又问我："明朝为什么迁都北京？"我坦率地告诉他不清楚。他笑着说："没关系，你还年轻。"这是宽慰我的话，而我深感自己历史知识的贫乏。这一般的历史常识，应该了解。从那以后，我就注意学习这方面的知识。

前面提到过，航空服务人员与航空旅客沟通障碍的产生，还有的重要原因是文化背景和语言障碍。要克服和消除这些障碍，需要我们航空服务人员不断地学习、掌握相关的知识和技能。比如拥有一口标准而流利的普通话和一门外语、丰富的知识面、良好的口才等等。俗话说，技多不压身，当我们有了广博的知识、精湛的服务技能，与航空旅客的沟通也就会得心应手。

小贴士

沟通的信念

信念一：人不等于他的行为。行为是心境的反应，一个人的行为好不好，决定于行为当时的心态。因此顶尖人物在沟通时，会把人与心情分开。

信念二：每个人在每分每秒都在做他最好的选择。

信念三：没有不好的人，只有不好的心态。

信念四：任何事情不管怎么看，都至少有好坏两面。

信念五：不管人们做什么事，他们总是有自己的理由的。

信念六：倾听对方讲话的目的，而非争辩他们讲得是否正确。

信念七：所有的沟通分成两种：一是对方表达对你的爱和关怀及分享快乐，因此是善意的反应；二是他们需要帮助。因此，最重要的是倾听对方讲话的目的。

思考与练习

1. 什么是沟通？沟通在航空服务中有什么作用？
2. 在航空服务中，需要运用哪些沟通策略？
3. 航空服务人员如何运用身体语言实现与航空旅客的良好沟通？
4. 航空服务中常见的沟通障碍有哪些？航空服务人员如何尽力去避免这些沟通障碍或化解这些障碍？

第十章 航空服务各岗位服务心理与策略

教学目的 1. 了解航空旅客在航空服务各岗位接受服务的心理需求。

2. 懂得各岗位航空服务的要求。

3. 学会航空服务各岗位的服务策略。

案例导入

想旅客所想忧顾客所忧 川航行李室服务至上

2月7日大年初一,四川航空公司地面服务部行李室(以下简称"川航地服部行李室")值班主任曾乙凌值完班准备回自贡老家过年,突然想到行李查询人员提到2月5日3U8734航班,少收行李中有一件是自贡富顺的,因曾乙凌考虑到,这件行李是旅客急需的,再加上从成都运送这件行李至富顺要大约700元左右的费用,正好自己回家就可以顺便将这件行李给旅客送去,既解决了旅客的困难又可以为公司节约费用。

在取得科室副经理的同意后,曾乙凌将这件行李贴好封条,挂上锁扣和带上相关单据,提着这件行李踏上了回家的路。路上曾乙凌一直在不断地联系旅客,可到了自贡电话依然是通了又挂,难道这件行李又只能带回成都吗?功夫不负有心人,19:30分曾乙凌正在和家人吃年饭的时候,电话响了,对方说她就是行李

的主人。真是个好消息!曾乙凌马上核实了旅客的情况,本想第二天将行李送到旅客处,可问题又出现了,旅客说今晚就必须要拿到行李,明天要离开富顺了。富顺离自贡市区有50多公里的车程,曾乙凌没来得及和家人吃完团年饭,马上带上行李打车赶往富顺。一个多小时后终于到富顺,见到了旅客,旅客见曾乙凌大年初一还专程为自己送行李,十分感动,连连说谢谢,并说:"川航的人办事太认真了,什么事全帮旅客想好了。"曾乙凌说:"没什么,这是我们应该做的,您的行李晚到了是我们工作没做好,给您带来的不便希望能谅解,并祝您和您的家人新年快乐。"在清点好行李和办完交接手续后,曾乙凌将行李交给了旅客,此时已是22:00了,曾乙凌这才赶回自贡市区,父母还在家等他吃没有吃完的年夜饭。

航空部门给每个航空旅客提供的服务是一个综合服务的过程,而这种服务是由航空公司及机场的各个具体部门来完成的。要真正满足航空旅客的各种需要,需要民航每一个服务部门根据本部门的工作特点,针对航空旅客在本部门的各种需要,进行有目的的服务,为航空旅客提供优质服务。

第一节 电话订座与售票处服务心理与策略

一、航空旅客订票心理

求票心切 航空旅客一旦有购票的需要,就迫切希望自己的愿望能得到实现,此时

的旅客在行为上或多或少的带有急躁的情绪。

心理活动变化快　航空旅客心理活动变化的原因主要取决于能否顺利买到自己所需的机票。如果自己的需要能得到满足，那么这股急躁情绪马上化为乌有，转而出现愉快的心情和情绪。如果愿望不能立即实现，那么，这股隐藏的急躁情绪马上会变成对立或消极情绪，一旦遇到售票处服务人员态度或工作上有问题，便马上爆发，甚至发生争执。

二、订票处服务策略

针对航空旅客订票时的心理特征，航空服务人员的服务策略主要有：

明确售票处工作的重要性　航空服务人员要明确售票处是整个航空服务的起点，也是航空服务质量的窗口，这一服务环节工作好坏，将直接影响下一服务环节的工作。

注意自己的面部表情　牢记"微笑是人际沟通的最佳方式"，即使旅客是电话订票，也应在电话交流中面带微笑，注意说话的声音清晰，语气柔和，充分尊重旅客，带给旅客心理上的安全感。

高度集中注意力　航空售票非常特殊，一旦出现差错会给旅客带来许多不便。因此，售票处的航空服务人员必须认真检查旅客购票的证件，认真办理电子票据。

读一读

微笑的魅力

"一个微笑总是能触动人们心灵的最深处，打动你我。"春节前的一天，一位旅客来到西单售票处柜台想兑换免票，由于客人忘记了自己的明珠卡密码，无法及时兑换。王分妮按业务流程将客人的身份证与明珠卡传真到广州明珠俱乐部，让客人等待广州方面的回复。时间一分分过去了，该旅客因为是请假前来办理业务，在柜台前不停踱步显出明显的不耐烦。这时，王分妮为客人倒了杯水，微笑着对他说："先生对不起，因为年前兑换免票的人员比较多，请您稍加等候。"一小时后，客人终于接到了广州方面的电话，而就在广州方面与旅客沟通核实密码等相关信息的时候，客人开始出言不逊，情绪越来越激动，不断用力摔打柜台的电话，后来干脆挂断电话，将怒火直

接转向柜台的工作人员。在客人的无理谩骂声中，王分妮始终面带微笑，耐心劝解，并积极主动与广州联系，想尽办法帮助客人解决密码问题。几个回合下来，当客人最终拿到密码时，心里开始有些过意不去了："刚才是我自己太着急了，态度不好也不应该把火气撒到你身上，而你丝毫不介意，还尽心地帮我想办法，真是对不起。"客人询问留言簿在哪里，想在上面好好表扬一下王分妮的服务态度。王分妮却说，"这是我的工作，没有必要将基本的责任当成什么好人好事来宣传，我们柜台任何一个工作人员都会这么做的，欢迎您下次继续选择我们南航的飞机。"以一个微笑开始，以一个微笑结束，微笑的魅力、倾听的艺术、沟通的技巧是王分妮柜台服务的制胜法宝。

航空服务行业会遇到各种各样的航空旅客，也难免会听到各种不友好的声音，但是航空服务人员代表的是航空公司的形象，所以说话办事要把握好分寸。有的时候，要学会换位思考，旅客出言不逊，甚至破口大骂，也是因为一时控制不住情绪，当他发泄出来就好了，航空服务人员虽然暂时会受点委屈，但最终还是能得到旅客的理解。

第二节　值机处服务心理与策略

一、民航值机处航空旅客的心理

值机处工作面较广，其中与航空旅客接触较多的是办理登机手续和交运行李的服务。当航空旅客购买到机票，前来办理登机手续时，其心态一般分以下两种情况：

（一）等候办理时的心态：求快、求顺、求尊重

求快　旅客带着行李，怕排队，想早点办完登机手续后可以到候机室休息。

求顺　有的旅客带的行李较多或行李较大，担心不符合民航有关行李托运等要求，想顺顺当当地办理登机手续。

求尊重　旅客希望航空服务人员能尊重他们，即使不知道民航相关规定而做错了，也希望值机处的服务人员能尊重他们，而不是斥责。

（二）办理过程中的心态：问题多、要求多

因为涉及切身利益，所以旅客此时问题较多，要求也较多，如旅客不懂民航相关规定的要问、有困难的也要问等等。

二、民航值机处服务策略

针对旅客的这些心理需求，值机处服务人员的服务策略应该是：

1. 明确值机处工作的性质。明确值机处的工作性质，是做好值机处工作的前提条件。值机处工作与售票处工作有一定差异，要求值机处服务人员具有强烈的服务意识和高度的责任心，在每一个环节都不能有任何差错，否则，小可影响航班正常运行、大则影响航空公司声誉。

2. 把握旅客心理需要，进行针对性的服务。根据航空旅客在不同阶段的心理需要，航空服务人员的服务应该主动、热情。在服务过程中航空旅客之所以问题多、要求多，原因多样，对此，服务人员应给予理解和帮助。一般情况下对旅客的要求或问题，服务人员都应给予满足和帮助解决。至于行李不符合民航规定或超重，仍应主动耐心地向旅客讲明情况，请旅客协同做好工作。

知识链接

客人希望自己被关心的"独占心理"及应对

谁都有这样的想法，在事情没办完之前，独占对方的服务，只想让服务人员对自己给予关心。为避免时间被一个客人占用，而让其他客人长久等待，请注意以下几点：

第一，熟练地接待客人，掌握在短时间内处理事情的能力。比如，和客人商谈时，另有客人询问，就说："请稍等一下"，处理完第一个客人的事，再接待另一个客人。这样，一方面满足了客人的独占欲望，同时又迅速地处理完事情，培养了出色地接待客人的能力。

第二，别让客人长时间等待。在要求客人等待较长时间时，应不时地与客人交谈两句，在不得已必须中断应酬时，应向客人说明情况，请其稍候。

第三，请求同事帮助。在一个人应付不了时，不要勉强，要向同事们请求帮助。这些都是起码的礼貌，同时又向客人表达了"没有忘记您"的意思。

第四，对客人公平服务。尤其注意不要给对方以"受了歧视"这种印象。

第三节　候机室服务心理与策略

一、民航候机室服务的特点

候机室的服务在整个航空服务过程中有其特殊之处。从时间上看，它比售票处、值机处服务的时间略长；从服务难度看，当航班不正常时，候机室的服务是整个航空服务中最难的。

二、航班延误时航空旅客的心理

1. 情绪波动较大。当航空旅客手持机票进入候机室时，内心应该是平静的，但一旦听到自己乘坐的航班延误或取消，就会出现情绪波动。航班延误或取消直接影响旅客原有的计划，使旅客产生急躁的情绪，并在其表情上、言语上、行为上表现出来。原计划越重要，耽误时间越长，旅客的急躁情绪就越强烈。

2. 容易产生错觉。由于航班延误后，航空旅客在候机室等候时很容易产生错觉，即实际只等了5分钟，但旅客会觉得已经等待很久，会出现不耐烦的心理和情绪。

3. 新的需要增多。由于航班的延误，航空旅客会产生许多新的需要。如，有的旅客需要打长途电话，有的需要离开隔离厅买吃的东西，有的需要休息等等。而当这种潜在的不良情绪遇到航空服务人员的不良服务就可能爆发出来。针对航空旅客的这些心理需要，候机室的服务人员应有充分的认识，并进行针对性服务。

三、航班延误时候机室服务策略

在航班不正常的情况下，候机室的服务成为整个民航服务的难点，应急事情较多，航空旅客需要多。候机室服务人员的服务策略应该是：

1. 明确工作的性质，设身处地为航空旅客着想。航空服务人员要尽可能及时将航班信息通知旅客，以安定旅客情绪，同时耐心细致地做好服务工作，尽量使旅客满意。

2. 要有较强的服务意识和灵活多样的服务技巧。当航班延误或取消而使航空旅客产生时间错觉和新的需求时，候机室服务人员应具有较强的服务意识和灵活多变的服务技巧来服务好旅客。

3. 用更加优质的服务来弥补航空旅客心中的怨恨。由于航班的不正常，肯定会给旅客带来许多不便，作为候机室服务人员，一定要树立一种观念，旅客可以对航班延误表示不满，但不能使旅客对航班不正常的服务感到不满。

读一读

孤儿赴港过年遇延误　郑州机场演绎优质服务

2008年2月3日晚8点，郑州新郑国际机场迎来了一群特殊的旅客：11位大大小小的儿童在身披绶带的机场地面服务部导乘人员的带领下列队通过安全检查，进入9号候机厅休息。小小的队伍吸引了大家的目光，天真的笑脸洋溢着好奇与希望。

这是河南省商水县慈善学校——正生爱之小学的孩子（都是孤儿），他们一行15人，由4位爱心妈妈带队乘深圳航空公司ZH9650航班前往广州，2月4日由广州转机香港。孩子们将在香港度过他们的2008年的新年。ZH9650航班由郑州出发，正常时间为晚8时40分，因天气原因航班延误。据此情况，郑州新郑国际机场地面服务部立即安排服务人员将热乎乎的茶水送到每一位儿童的手中，有的孩子饿了，服务人员还把自己的晚餐送给孩子们吃。看到队伍中年龄较小的孩子苗苗和甜甜焦急不安，服务员就带她们来到机场儿童乐园。在这里，漂亮的木马、滑梯、虫形的山洞引起了孩子们的兴趣，她们高兴地跑进去，快乐地玩了起来。

晚9点30分，ZH9650航班开始上客。郑州新郑国际机场地面服务部安排服务员召集队伍先行登机，玩得兴高采烈的孩子们依依不舍地离开郑州新郑国际机场，踏上了前往香港的行程。

第四节　空中服务心理与策略

一、航空旅客在客舱中的心理

当旅客经过售票处、值机处、候机室的服务之后，来到了飞机上。旅客的心理也随着服务环节的不同而转变，主要表现为两个方面：

1. 安全的需要。旅客的安全需要包括飞行安全和财产安全。作为空乘服务员，应该尽量保证旅客的财产安全。

2. 舒适的需要。这是旅客在空中最主要的需要，包括物质方面和精神方面的舒适。物质方面的舒适享受包括舒适的座位、美味的食品、卫生的环境等方面；精神方面的舒适享受包括需要乘务员礼貌待人、帮助旅客排忧解难等。

二、空中服务策略

空中服务是整个航空服务过程中的一个关键环节，处于非常重要的地位。空中服务的好与坏，乘务员的一言一行，一举一动，都直接关系到航空公司甚至国家的形象。因此，乘务员的服务策略应该是：

1. 高度重视自己的职责。乘务员要意识到空中服务的重要性，树立强烈的责任感，明确自己的言行代表着航空公司，代表着祖国，要服务好每一位旅客，出色完成任务。

2. 重视航空旅客的安全问题。乘务员一方面要主动向旅客介绍怎样使用飞机上的设备，以确保飞行安全。另一方面，要注意或提醒旅客保管好自己的财物，一旦发现旅客物品遗失，应马上帮助旅客寻找。

3. 热情主动。针对旅客在空中的心理需要，乘务员要主动热情地为旅客提供方便，使旅客产生"宾至如归"的感觉。

4. 要有处理突发事件的能力。由于飞机是特殊的交通工具，一旦在空中飞行时出现情况，乘务员要有非常灵敏的反应，并能沉着冷静地妥善处理好。

知识链接

空姐的由来

20 世纪 20 年代末，刚刚兴起用飞机载运乘客。当时的客机上一般都不提供膳食，而且飞机上的人员也非常简单，只有一两名男服务员负责看管行李，在有些航班上，琐碎的乘务工作干脆由副驾驶员兼任，因此航班的乘务工作非常繁忙。

1930 年 6 月的一天，在美国旧金山一家医院内，波音航空公司驻旧金山董事史蒂夫·斯迁帕森和护士埃伦·丘奇小姐在聊天。闲谈中，史蒂夫说："航班乘务工作十分繁忙，可是挑剔的乘客还是牢骚满腹，意见不断。"这时护士小姐突然插话说："先生，您为什么不雇用一些女乘务员呢？姑娘的天性完全可以胜任'空中小姐'这个工作的呀！""空中小姐"这一新鲜的词使董事先生茅塞顿开。

就在 10 天之后，埃伦小姐与其他 7 名女护士作为世界上第一批空中小姐走上了美国民航客机。

小贴士

空姐职业道德

◇首先要热爱自己的本职工作；　　◇热情开朗的性格；

◇有较强的服务理念和服务意识；　◇刻苦学习业务知识；

◇有吃苦耐劳的精神；　　　　　　◇学会说话。

读一读

热情服务赢来感谢

常坐飞机出差、旅行，对空姐的常规问候式的服务，没有留下什么值得回味的记忆。可前不久坐了一次飞机，有一位空姐的服务及她对服务理念的理解却给我留下深刻的印象。

当时，乘坐的是北航大连公司的航班，从杭州飞往大连。刚进客舱，一位乘务员就接过我的行李包，帮助找座位，很快把我安顿好。飞机起飞后，她看我大汗淋漓的样子，马上拿来热毛巾对我说："一路上辛苦了，擦把脸吧。"几句暖心的话，一扫我旅途的劳累。这时，邻座的一个小女孩不知何故啼哭不止，孩子的母亲怎么哄也不行。还是这位乘务员走过去，三言两语就和这个小乘客做起了游戏，顿时客舱里洋溢着小女孩的笑声。

一切安顿好了，大概这位乘务员看我年岁已高，怕我汗消了着凉，又及时拿来毛毯盖在我的身上。我深深地被感动了，我看了她的胸牌，她叫岳红。我问她："刚才那位小乘客为什么你一过去她就不哭了？"岳红告诉我，她是一位做了母亲的乘务员，她的女儿在幼儿园学了很多游戏，回家她就让她的女儿教她，她在航班中常常和淘气的小乘客玩游戏，效果非常好。

我对她说："你们的服务很有人情味，我真的企盼今后出差次次都能坐上你们的飞机。但是这样的服务的确也是很辛苦的。"她却微笑着对我说："乘客坐我们的飞机就是我们请进家门的客人，对到自己家的客人，哪有不'殷勤款待'的道理？"短短的一句话，使乘客与乘务员之间有了种与生俱来的亲和力。

第五节　行李查询服务心理与策略

行李查询服务是民航客运的最后一个环节。一般来说，到了这个阶段航空旅客对行程的需要已经基本满足，随之而来的是对自己的行李安全的需要。由于民航工作的特殊性，旅客的行李是在始发地搬运上飞机的，在运转过程中各种各样的原因有可能造成旅客的行李漏装、破损、遗失、运错地方等。因此，作为行李查询的服务人员应该了解和掌握旅客的心理。

一、航空旅客在行李查询时的心理

当航空旅客到达目的地以后，发现自己的行李有问题，心理就会产生落差，情绪变化十分明显，产生不满，有时还可能做出过激行为。另一方面，旅客心理上迫切想知道自己行李的出处，急于拿回自己的行李。我们应当向其进行解释，安抚旅客情绪。由于行李出现了问题，旅客要求补偿的心理比较明显，若旅客提出的具体赔偿数额与实际损失数额不相符或远远大于实际损失的数额，我们在心理上要有所准备，不要使矛盾激化，造成更大的损失。

二、行李查询服务策略

针对航空旅客在行李查询时的心理，行李查询处的服务人员的服务策略应该是：

1. 换位思考。服务人员应该站在旅客的角度上对待行李的查询工作。

2. 调整情绪。服务人员要调整好自己的情绪，避免在工作中发生冲突，给工作带来不必要的麻烦。

3. 感化。用自己积极的工作态度感化旅客，积极地帮助旅客联系寻找丢失的行李，使旅客心理上得到平衡和安慰。

4. 赔偿。若因航空方面的原因对旅客的行李造成延误，应对旅客提供一笔临时生活费用，并且进行适应的赔偿。

5. 致歉。如果由于行李出口处检查人员工作疏忽的原因，造成行李的错拿，应及时纠正，并向旅客致歉。

读一读

一件失踪的行李将南航优质服务口碑带到香港

3月15日，CZ6327大连经停杭州航班抵达深圳宝安国际机场后，南航深圳分公司行李查询员同往常一样开始为旅客查验行李票，交付旅客托运的行李。行李转盘上很快就只剩三两件行李未被提取了，整个行查大厅也慢慢变得寂静起来。有一位旅客一直在行李提取转盘前焦急地来回走动，欲言又止，查询员苏红快速走上前询问旅客是否有需要帮忙的地方。

经询问得知，旅客姓刘，一行8人跟随一个旅游团从大连赶往香港开一个重要会议，他们托运的4件行李没有取到，其中一个拉杆箱，里面全是会议需要使用的样板材料，所以不免有些着急。会不会是没有装上飞机？苏红一边安慰旅客，一边立刻打电话去大连行李查询部门询问。得知刘先生的行李被传送带卡住了，没有装上飞机，现在大连已经将这件行李用最快的航班运送过来了，5小时后就能抵达。

当时已经是晚上8点，车和其他旅客都在外面等，刘先生表示：他们不可能在机场等5个小时，马上就要赶往香港，要求南航工作人员送到香港开会的地点。后天开会必须用这些资料，否则会造成巨大损失。这让南航深圳工作人员犯了难，查询的工作人员没有港澳通行证，怎么办？

当天值班主任蔺明霞了解到情况后，当即表示：让旅客先走，我们想办法，尽快把行李送到香港！在蔺明霞的带领下，值机班组先后联系了三家快递公司，要求他们明天能把行李速递过去，但周日是香港的休息日，要周一才能送到旅客的手中。这该如何是好？

"旅客的满意，就是我们最大的心愿"，这是南航的服务宗旨，也是我们的目标！"那就派我们的员工去送，不管有多大困难，也要兑现我们的承诺！"葛明霞主任坚定地说。说完，她开始给一些可能有港澳通行证的员工打电话，半个小时过去了、两个小时过去了……终于联系到南航商务室的刘影和兰兰拥有有效的港澳通行签证，讲明情况后，两位员工愉快地

接受了这次特殊的任务。

第二天，经过5个多小时的奔波，下午4点，行李终于按时交付到旅客手中。看到南航的两位员工不惜用自己的休息时间，费尽周折把行李送到了自己手上，刘先生非常感动，他说："刚开始，听说我的行李没有装上飞机时心里有一丝不快，但你们南航后续解决问题的方式和态度，让我满意，真的是做到用心服务、用情服务，南航将永远成为我们的首选，谢谢你们！"

第六节　民航宾馆服务心理与策略（前台、客房）

航空机场宾馆服务是航空服务的一个组成部分，其服务特点除了具有整个航空服务的共同点外，还有自己的特性。航空宾馆服务人员要为航空旅客提供好满意的服务，就需要对航空旅客在航空宾馆接受服务时的心理特点进行了解。其服务的主要特点是满足航空旅客求舒适、卫生、方便与尊重的需要。

一、航空旅客入住航空宾馆时的心理特点

1. 舒适。旅客奔波一天都已十分疲倦，此时，他们迫切需要好好休息，以消除旅途劳累。他们要求房间舒适、设施方便、实用、齐全。

2. 清洁。宾馆的各种设施都是众多人使用过的，容易滋生细菌、传染病毒。为此，所有航空旅客往往把宾馆的卫生与清洁看做第一需要。美国康乃尔大学旅馆管理学院的学生，用了一年时间调查了3万名旅客，其中60%的旅客把卫生与清洁列为选择旅馆的第一考虑因素。

3. 方便。旅客住下以后，都希望生活上方便，他们要求宾馆设备齐全一点，服务项目完善一点，包括宽带网络等等。我们应在交通、通信和资讯服务方面更加完善。

4. 尊重。旅客都有求尊重的心理需要，都希望见到服务人员热情的笑脸。

二、航空宾馆服务策略

针对航空旅客入住航空宾馆的心理需求，航空宾馆服务人员的服务对策应该是：

1. 提供宾至如归的服务。为航空旅客提供宾至如归的服务，满足他们对舒适方面的要求，避免使旅客产生消极情感。对于航班延误与取消的旅客，在舒适的客房内休息，既可以换一个休息环境，还能适当调整自己的情绪。民航宾馆服务员应该充分意识到，航空旅客在宾馆休息得好，是人的最基本的需求，如果这种需求得不到满足，就会产生消极的情绪，特别容易发怒，导致不良心境。所以，宾馆服务员要注意满足客人的

这一生理需求，保证有一个安静舒适的环境。在服务过程中尽量做到三轻，即走路轻、说话轻、动作轻，不发出任何噪音影响客人休息。

2. 做好清洁卫生及消毒工作。宾馆服务人员应对宾馆的各种公共设备、生活用品、餐具进行严格消毒，最好在消毒后写上"已经消毒，请放心使用"字样以消除旅客的顾虑，使旅客能放心使用。

3. 设备齐全，提供更加完善的服务。旅客住下以后，都希望生活方便，他们要求宾馆设备齐全一点，服务项目完善一点，包括宽带网络等等。我们应在交通、通信和资讯服务方面更加完善，或遇到问题求助服务员时能得到圆满解决。

4. 尊重旅客。对于航空旅客求尊称的心理，我们民航宾馆服务人员对旅客要使尊称，对有学位、军衔、职位的客人要称呼为"博士先生""上校先生""经理先生"等以满足他们的自尊心。旅客还要求服务员尊重自己的生活习惯，比如有的旅客喜欢在房间里穿得比较随意；有的旅客一回到房间就要洗澡；有的旅客喜欢看电视等。旅客认为自己花钱租了房间就拥有对房间的使用权，如果谁想进入房间，就应该得到自己的允许。针对这种心理，宾馆服务员在服务过程中就应充分尊重客人的心理需要，进入房间为客人服务时应先敲门，得到客人允许以后再进入房间。

第七节　民航餐厅服务心理与策略

一、航空旅客的就餐心理

1. 求快。民航餐厅的服务对象主要是乘机的旅客，他们进餐厅的总体要求是求快、求好、求卫生。具体讲：求快。就是旅客一进餐厅就能找到座位，自己点的菜可以很快上齐。

2. 求好。对于"好"，标准是餐厅的饭菜是否符合旅客的口味。

3. 求卫生。卫生则是旅客到餐厅就餐的第一需要，旅客希望食具经过严格消毒，食品是新鲜、卫生的，餐桌是干净整洁的。

针对旅客在餐厅不同情况的需要，民航餐厅服务人员应该采取不同情况下不同方式的服务。

二、民航餐厅服务人员的服务策略

（一）为满足旅客求快的心理需要，服务人员应该

在旅客一进餐厅就及时安排好他们的座位并端上茶水、送上点菜单，或按旅客吩咐送上他们急需的东西。对急于就餐的旅客，可介绍一些现成的菜，如冷盆或出勺较快的菜。对点菜后不耐烦的旅客，不能责备，而是想办法消除旅客对时间知觉的差异，消除旅客的无聊感。

（二）针对旅客求好的心理需求，服务人员应意识到旅客到餐厅一般都有要求适合自己的口味、吃顿可口的饭菜的心理。因此，餐厅服务员应想办法满足旅客的这一需要。为了使旅客吃好，服务员可以采取针对性的服务。如四川旅客，可以推荐"麻婆豆腐"，对江南旅客可介绍一些有代表性的甜食；对老年旅客可以推荐一些精细好消化的食物，对年轻人可推荐香脆的菜品等。

（三）针对旅客求卫生的心理需求，服务人员除了对餐具进行严格消毒外，自己的双手、工作服、工作用的毛巾等一定要干净。另外，服务员一定要懂得食品卫生是旅客的安全需要，注意传菜、上汤、端茶时手的姿势，带给旅客良好的心理感受。

（四）服务人员还应意识到餐厅是整个航空旅客服务的一部分，旅客会把对上一个服务环节的不满心理延续到就餐，所以餐厅服务员要理解旅客心理，要有忍耐性，克制自己的脾气。

读一读

鳜鱼

某酒店的餐厅里，一位客人指着刚上桌的鳜鱼，大声对服务员说："我们点的是鳜鱼，这个不是！"他这么一说，同桌的其他客人也随声附和，要求服务员退换。

正当服务员左右为难时，餐厅领班张小姐走了过来。张小姐走到客人座位旁仔细一看，发现服务员给客人上的确实是鳜鱼，心里便明白是客人弄错。当她看到这位客人的反应比较强烈，其余的客人多数含混不清地点头，这桌主人虽然要求服务员调换，但却显得比较难堪时，立即明白这鳜鱼是主人点的，而他对那位客人的错误又不好指出。

于是，张小姐对那位投诉的客人说："先生，如果真是这样，那您不妨亲自到海鲜池挑选好吗？"客人点头应允。张小姐陪着客人来到海鲜池前，并不着急让客人点鱼，而是先和他聊起天来。稍稍站了一会儿，恰好有其他的客人也点鳜鱼，看到服务员将鱼从池子里捞出，客人的脸上立即露出了惊诧的神情。等点鱼的客人走后，张小姐对这位投诉的客人说："这就是鳜鱼。"接着，她指着海鲜池前的标签和池中的鱼简要地介绍了一下鳜鱼的特征。最后，她征求客人的意见，"您看您现在点还是等一会儿再点？"

"这……等一会儿吧。"客人答道。

客人回到座位，认真观察了一下，确定是自己弄错了。面带愧色地向张小姐及服务员道歉，而主人则向张小姐投来了感激的目光。

航空酒店服务中有一条金科玉律，即："客人永远是对的。"这句话并不是说客人不可能犯错误，而是指从服务的角度来说，要永远把客人置于"对"的位子上，使其保持一种"永远是对的"的心态。因此在服务过程中，即使明知客人犯了错误，一般也不要直截了当地指出来，以保全其面子。因为对于"爱面子"的客人来说，如果在酒店丢了面子，那么即使其他方面做得再好，客人对酒店的服务也不会满意。

本案例的领班张小姐虽然明知客人犯了一个常识性的错误，但由于她心中有了"客人永远是对的"这根弦儿，于是采取了一种间接的转移现场的方式，让客人亲自到海鲜池前点鱼，从而使客人自身认识到错误，取消投诉并致歉。这种处理充分显示了领班张小姐的机智与灵活。另外，领班张小姐在投诉处理过程中的察言观色的能力也值得肯定。通过观察，她比较准确地了解到其中的微妙关系，所以用语措词都非常谨慎，有效避免了主人和投诉客人之间的尴尬和可能出现的直接对话。

第八节　民航商场服务心理与策略

一、航空旅客的购物心理

民航商场分为国内候机室内的商场和国际候机室内的商场，二者旅客构成略有区别，但所有旅客的购物心理并无区别，一般都有以下心理需求：

1. 求纪念价值的心理。或者为了自己留作纪念，或者馈赠亲友。

2. 求新异的心理。航空旅客一般对异国异地具有新异性，对具有当地特色的商品一般都比较感兴趣；

3. 求实用的心理。这是一般人购物的普遍心理，航空旅客也不例外。

二、民航商场服务员服务对策

民航商场服务的最大特点就是：满足旅客的购物心理需要，即让旅客买到称心如意的商品，享受到优质的服务。

1. 善于接待旅客。即恰到好处地接待好各类购物旅客。购物的旅客可分为三类，一是完全确定型购物旅客，当他们来到柜台前已经想好要买什么，包括商品名称、商标、型号、规格、式样、颜色甚至价格等都有明确要求；二是半确定型购物旅客，这类旅客来到柜台前已有基本购物的心理倾向，但还未完全确定，对一些具体要求还不太明确，最后决定还需要经过比较选择完成；最后是不确定型旅客，这类旅客基本没有明确目标，到柜台前只是漫无目的地观看或随便了解一些商品情况，如有合适的或感兴趣的，也会购买，这是民航商场中最多的一种旅客。商场服务人员除服务好前两种类型的旅客外，对第三种旅客要尤为关注。当旅客还处于观看阶段时，服务员不必与他们搭话，以免产生不必要的想法或产生戒备心而带着不安的情绪快快离去。正确的做法是，当旅客较长时间凝视某一商品，或看完某一商品把头抬起，或突然止步看某一商品，或用手触摸某商品时，服务员应一边微笑一边走近旅客，礼貌问好，给旅客以自然亲切的感觉。

2. 做好商品的展示工作。当航空旅客欲购买某物时，服务人员应向旅客呈现该物体在使用时的状态给旅客看；尽量让旅客触摸一下，特别是衣物；要实事求是地介绍该商品的特点，尊重旅客的购买习俗；同类多种商品展开，任旅客挑选使旅客能买到称心如意的商品。

读一读

当客人将走出商场时……

前不久，一位客人持古南都画卡来到 2F 商场，我热情而详细地给客人介绍起来：这是明清的山水画，清新奇巧；那是敬鸿的山水画，气势宏伟；伟良的墨竹，苍翠有力……客人听了后摇摇头。这是为什么呢？正当我考虑是否遇到了一位高品位的客人时，客人已欲意离开。我突然想起，前两天刚进了一批精品画。于是，我很有礼貌地请这位客人稍等，拿出一套精品画——梅、兰、竹、菊四君子请客人欣赏。这时，客人的目光一下子被吸引住了，不禁赞叹道：这才是真正的传统中国水墨画，我要了！于是，就在客人即将离开商场时，我们成交了。

又有一天，有一位欧美客人带着一位两三岁的中国小姑娘来到 2F 工艺商场。一看就知道是领养团成员。我随即为客人讲解、介绍。但是，客人似乎对字画、玉器、茶壶等工艺品不感兴趣，或许是自己的英语水平低吧。我这样想着，客人已走到印章柜台，即将走出商场。恰巧此时，精通英语的同事张振云来换岗，她马上自告奋勇当起翻译。她从 2008 年北京奥运会会徽的小小印章说到了中国五千年的文明史，这一枚小小的印章浓缩了中国几千年的灿烂文化……张振云的英语真棒，翻译得很透彻，客人们不住地点头就是一个很好的证明。最后，我们趁热打铁，建议她给在中国领养的女儿刻上一枚印章，并用中、英文表示，以示纪念。客人点头表示同意，并说自己深受中国文化的感染，要和她女儿各一枚。客人笑了，我和张振云也都笑了。

思考与练习

1. 乘务员怎样做好客舱服务工作？
2. 乘务员做好突发事件的应对工作，应该具备哪些条件？
3. 行李查询处的服务人员怎样为行李有问题的旅客服务？

第十一章 航空服务中旅客的冲突、投诉心理与服务

教学目的 1. 了解引起航空旅客冲突与投诉的原因。

2. 了解航空旅客与服务人员冲突及旅客投诉的一般心理。

3. 懂得应对与航空旅客冲突及投诉的基本方法。

案例导入

11月16日，深圳航空公司深圳至哈尔滨的ZH9931次航班计划上午10时起飞。可就当147名乘客上机完毕时，机长接到通知：航路空军演习，航班可能要等待很久才能起飞。乘务员不时为乘客提供报纸、茶水、咖啡、矿泉水、小吃，解答乘客的疑问，一个小时很快过去了，两个小时过去了，三个小时过去了……越来越多的乘客开始烦躁起来。对于解释，乘客们丝毫听不进去。乘务员们一边顶住侮辱谩骂，一边仍旧耐心地做好解释工作，并不断地为乘客端茶送水。四个小时过去了，飞机还不能起飞，乘客的情绪到了无法控制的局面，投诉的投诉，骂人的骂人，最后连警察都上了飞机。后舱的一位老人因劝说一名孩子不要打搅其休息，引起了孩子父母的谩骂，最后竟发展到年轻夫妇对老人动手。见此情景，乘务员小陈立刻上前劝说，谁想，男孩的父亲一拳打在她身上。乘客们听到"啪"的一声都循声望去，

挨打后的小陈依然表现得十分从容礼貌，丝毫没有责怪对方，用更加温和的语气劝说双方消气。小陈如春风般的服务感染了年轻夫妇和老人，一场激烈地冲突就这样双方握手言和了。

直到下午15时飞机才起飞，此时已延误了5个小时。这5个小时是乘务组几年来受到的最大的考验。

在空中服务期间，受尽侮辱的乘务员始终用她们灿烂的笑容为旅客服务，她们用饱满的热情始终在忙碌着。15时飞机起飞时，乘务员对于航班延误以深深的鞠躬表示了歉意，在发放餐点和饮料时，仍不忘一句句礼貌的问候。在飞机下降前，乘务员还带领乘客们做了一个充满活力的机上健身操，对冰城哈尔滨进行了优美详尽的介绍，祝福每一位乘客在哈尔滨的日子过得愉快。

当飞机降落的那一瞬间，机舱里响起了阵阵掌声。

每一位航空旅客都希望自己能够在中国民航得到安全、舒适、迅速的完美服务，但由于某些客观方面的原因，难免引起航空旅客与航空服务人员的冲突和航空旅客的投诉。虽然冲突与航空旅客投诉是服务交往中双方最不愉快的事情，也是双方都不愿意的事情，但事实上是难免的。因此，应对这些不愉快的事情发生，航空服务人员要了解引起航空旅客与航空服务人员冲突和航空旅客投诉的心理原因，需要掌握防止和处理冲突与旅客投诉的重要技巧，使航空服务工作人员做得更好。

第一节　冲突与投诉的原因

航空服务人员要能很好地应对与航空旅客的冲突和航空旅客的投诉，就必须了解和懂得引起与航空旅客冲突和投诉的原因。在航空服务中，引起旅客冲突与投诉的原因主要有主观和客观两大方面的原因。

一、客观原因

引起旅客冲突与投诉的客观原因主要有：航班有限，飞机上的座位有限，致使旅客无法购买到机票；飞机因机械和气候等方面原因使得航班延误和取消，造成旅客内心的不满，从而发生同服务人员冲突和投诉。

二、主观原因

引起航空旅客与航空服务人员冲突或旅客投诉的主观原因在于航空服务人员服务不佳，也是主要原因。

航空旅客服务人员对航空旅客应该始终"微笑、礼貌、热情、周到"。但有些服务人员往往因为做不到这些，就可能导致与航空旅客的冲突甚至引起投诉。引起航空旅客冲突与投诉的主观原因有：不尊重旅客，服务不热情等等。其中，不尊重航空旅客是引起旅客与服务人员的冲突与投诉的重要原因。航空旅客无论在售票处、候机厅、飞机上或是宾馆、餐厅都需要得到航空服务人员的尊重，这是每一位航空旅客的共同心理特点。

服务人员对旅客不尊重主要表现有：

1. 对航空旅客不热情、不主动。在工作时航空服务人员不主动称呼旅客，不主动接待旅客。有的航空服务人员甚至在工作时只顾忙私事、与同事聊天等，当旅客来询问有关事项时，服务人员态度冷淡，爱理不理，旅客多次招呼服务人员，服务人员毫无反应或答应简单的两三个字"没有""不知道"等等。

2. 不注意语言修养冲撞旅客。在航空服务中，一些航空服务人员不注意语言文明和表达方式，冲撞航空旅客，从而引起与航空旅客之间的矛盾与冲突。

3. 服务不周到。有些服务人员服务工作不尽职尽责，从而引起旅客的不满。

4. 清洁卫生工作马虎。一些食品或环境卫生不整洁、服务人员的态度散漫与不仔细，也会引起航空旅客的不满而导致冲突与投诉。

综上所述可以看出，引起航空旅客与航空服务人员的冲突或旅客投诉的两大原因中，主观原因占很大比重。无论是主观原因或客观原因，归根结底，都是因为旅客心理需要没有得到满足，旅客个人利益受到损害，从而引起旅客和服务人员冲突与旅客投诉。因此，要从根本上避免或解决这种冲突，关键在于服务人员的优质服务，解决旅客的困难、满足旅客心理需要和维护旅客的利益。

第二节 冲突、投诉的一般心理与服务

一、航空旅客冲突及旅客投诉的一般心理

引起航空旅客与航空服务人员冲突及航空旅客投诉的心理因人而异，但一般来讲有以下几种心理：

1. 航空旅客要求尊重的心理。每个人都有维护自己利益的本能，都有自尊心。当航空旅客的利益受到侵害，心理需要得不到满足，为了维护自己的自尊，为了维护自己的利益，并且认定自己是正确的，航空服务人员是错误的，一旦发生冲突肯定自己会得胜的情况下，民航往往扮演着这种冲突的导演者。旅客的投诉也是异曲同工的，他们希望得到尊重和同情，希望有关人员、相关部门重视他的意见，向他表示歉意。

2. 发泄心理。当航空旅客感到自己的利益确实受到侵害，并且在一定的情况下无法挽回或者是相关的航空服务人员态度不佳，让旅客自觉受到了嘲笑、挖苦、讽刺，甚至是遭到了辱骂之后，心中充满了怨气和怒火，因而对航空服务人员发泄或利用投诉的机会表达不满，使他们的心理得到平衡。

3. 求补偿心理。航空旅客确认自己在经济上或精神上受了一定的损失，向有关部门反映或投诉时希望能补偿损失，这是一种较为普遍的心理。

读一读

航班延误旅客最想尽快成行，现金补偿是次要的

飞机是比较受天气限制的交通工具之一。为了避免因航班延误而造成的不便，及时掌握旅客的赔付期望，日前，民航有关部门在千名旅客中做了一份关于"作为旅客，航班延误时您最期望得到什么？"的调查，共获得不重复投票1168张。调查结果发现，航班延误旅客并非最想得到现金补偿，更多的人希望得到的是及时成行、知情权、了解航班延误原因、获得必要服务。

调查显示，当航班延误时，37.24%的旅客最期望得到的是能更换航班或其他交通工具及时成行；18.71%的旅客希望获得更多的知情权，

航班延误情况及时通报；17.86%的旅客希望获得现金赔偿；10.54%的旅客希望获知航班延误的真实原因；8.42%的旅客希望获知赔偿措施。旅客在航班延误时的期望、及时成行、知情权、了解航班延误原因、获得必要服务占到了73.72%。可以看出，航班延误时旅客最想得到的并非现金赔偿，提高服务水平才是真正解决航班延误旅客冲突的妙方。

国航的有关人士表示，在航班延误时，乘客与航空公司能否做到更好的沟通，是解决延误问题的关键。

二、处理航空旅客冲突与投诉的对策

（一）对冲突的处理

在民航旅客与服务人员发生冲突之前，双方都会感到心情紧张，会有各种各样的不适应感，形成情感上的对立、语言上的尖锐。冲突一旦发生，就会按照不同的方式发展下去。

合乎逻辑逐步推进的直线发展。航空旅客与航空服务人员似乎都按照各自的规矩（指性格、脾气、思维方式等），进行轮番"异常冲突"，你一句，我一句，水来土掩，兵来将挡，道高一尺，魔高一丈的方式直线上升的冲突。

狂风暴雨式的急剧发展。冲突的双方或一方，语言异常凶猛，动作异常粗野，双方都憋足了劲，控制不了自己，不顾后果而采取越轨行为，一下子出现高潮，等高潮过后，双方才能平静下来。

根据冲突的这些特点，航空服务人员应采取以下对策：

1. 使双方脱离冲突。让冲突双方脱离肢体和语言上的冲突，这是缓和冲突较为有效的方法，当双方发生冲突时，其他人员应把冲突双方劝开，对他们分别加以安慰，并使他们中的任何一方离开冲突现场。对航空旅客要好言相劝，说明情况，但切记不可指责旅客的过错，以免刺激旅客，使矛盾激化，不利于缓和冲突的情绪。若冲突过于激烈，旅客短时间内无法劝走，可以先把与旅客发生冲突的服务人员替换下来，让服务人员先行离开冲突现场，以期缓和冲突。

2. 第三者进行调解。其实冲突开始时，双方的冲突分歧并不大，若其中一方稍加让步，即可得到和平解决或协商妥协。然而冲突的双方担心对方利用自己的让步得寸进尺，或者把他的让步当作软弱、怯懦的表现，所以谁也不肯先让步。在争执过程中，有的为了抬高自己、达到自己的某些目的，互相挖苦、辱骂、贬低对方。在这种情况下，双方已不可能进行协商，只有通过第三者进行调解，才能缓和冲突，达成妥协或解除误会。作为调解者，不能随意偏袒航空服务人员，即使服务人员有理，也需要耐心、冷静、善意对待旅客，切不可寻找理由，证明旅客的错误和过失。这样往往会引起更高层次的冲突，效果适得其反。

3. 顺其自然发展。若冲突过于激烈，而且由于某种原因，航空服务人员无法"脱离接触"。可让旅客把话说完，不要打断他的话，更不要为自己辩解，听取旅客的讲话。如果旅客感到你在听他讲话、没有不耐烦的表现，他就会平静下来。对和平解决有良性刺激。反之，若急于进行反驳，结果往往越演越烈。

4. 让步。在双方实际利益发生矛盾的情况下，要想避免公开的冲突，只有妥协。当旅客盯着自身利益的时候，让他做出任何让步，他都会看做是自己的失败。航空服务人员要从本质工作的性质及职业道德出发，以良好的情感和热情去对待旅客，设身处地为旅客想，多考虑旅客的利益，否则心理不会平衡，不可能做出让步和妥协。光有让步妥协还不够，有时还需要放弃自己的合理要求，只有这样才能做到真正的让步。作为航

空服务人员，理应做出让步，使紧张的局面得以缓和，这种主动让步的态度，在很多情况下能得到旅客的支持和谅解，并且能够体现出航空服务人员良好的情感与意志品质。

（二）对旅客投诉的对策

我们应该知道，航空旅客的投诉事实上是真诚的表现之一，比旅客心中有怨气，将民航的坏名声、坏影响到处宣传更有利于民航的形象。我们应尽量避免工作上的差错和不良的服务态度，消除旅客心中的不满，赢得更多的潜在顾客。

来投诉的旅客是相信我们能够处理好这些事，是希望我们改进工作，无论客人投诉的动机如何，客观效果上是利于我们做好工作，为民航的成长提供了契机。

航空旅客的投诉有两种，一种是书信，一种是旅客主动找上门来直接对话。

对书信的投诉，一般接到旅客的投诉信以后，应马上了解事实，若确实是我们的过错，应马上回信，赔礼道歉，以取得旅客谅解。

直接来对话的旅客，一般总是怒气冲冲来倾诉他们的不满和愤慨，对此服务人员要做到：

1. 必须做到诚恳耐心地倾听。航空服务人员必须耐心诚恳地倾听航空旅客的投诉，并且边听边表示同情，争取在感情上与心理上与投诉者保持一致，切不可还没有听完旅客的投诉就开始为自己作解释或辩解，避免引起投诉者心理上的反感、情绪上的对立，使事态进一步扩大。作为旅客来投诉，心中有怨愤不能发泄，他们的心理不会平静，不会舒服。我们应耐心地听旅客投诉，使本来暴跳如雷的旅客平静下来。同时，我们耐心地听其投诉，也可以弄清事情真相，以便恰当处理。

2. 旅客投诉合理，应用诚恳的态度向客人道歉。对于航空旅客投诉，我们不可置之不理，更不能认为旅客投诉是他们"多事"或有意"找碴"，和我们服务人员过不去，致使矛盾激化影响民航形象。反过来讲，如果我们处处能使旅客满意，一般旅客不会来投诉，若我们工作上未出现差错和服务态度不佳，投诉现象便可避免。无论旅客的投诉动机如何，客观效果上是有利于我们做好工作，应抱着良好的心态接受意见。对于旅客的投诉，如确实是我们的过错，应马上当面向旅客赔礼道歉，同时表示欢迎他们来投诉。这样做使旅客感到我们重视他们的投诉，也满足了旅客的自尊心，为圆满处理好旅客的投诉铺平道路。

小贴士

投诉旅客的沟通技巧

◇承认旅客投诉的事实而不是去辩解。
◇表示同情和歉意。
◇寻求旅客要求并承诺采取措施。
◇感谢旅客的批评指教。

◇快速采取行动并纠正错误（如果不能够满足旅客要求，请提出备选方案供旅客选择）。
◇核查旅客满意度。
◇总结经验教训。

思考与练习

1. 怎样正确对待服务过程中出现的差错?
2. 引起旅客与服务人员冲突与投诉的原因是什么?
3. 在服务工作中你将怎样处理冲突与投诉?

参考文献

1. 林崇德. 发展心理学. 北京：人民教育出版社，1995
2. 张澜. 民航服务心理与实务. 北京：旅游教育出版社，2007
3. 邢帮志. 心理素质的养成与训练. 上海：复旦大学出版社，2002
4. 周晓虹. 现代社会心理学. 上海：上海人民出版社，1997
5. 时蓉华. 现代社会心理学. 上海：华东师范大学出版社，1989
6. 章志光. 社会心理学. 北京：人民教育出版社，1996
7. 胡卫东. 人际关系心理学. 沈阳：辽宁大学出版社，1995
8. 李灵. 心理健康教育. 成都：电子科技大学出版社，2007
9. 魏乃昌，魏虹. 服务心理学. 北京：中国物资出版社，2006
10. 杜炜. 旅游心理学. 北京：旅游教育出版社，2006
11. 马莹. 旅游心理学. 北京中国旅游出版社，2007
12. 田光中. 旅游礼仪. 成都：西南财经大学出版社，2001
13. 金正昆. 服务礼仪教程. 北京：中国人民大学出版社，1999
14. 陈祝平. 服务市场营销. 大连：东北财经大学出版社，2001
15. 张春兴. 现代心理学. 上海：上海人民出版社，1994
16. 洪美玉. 旅游接待礼仪. 北京：人民邮电出版社，2006
17. 曾力生. 旅游心理学. 长沙：中南大学出版社，2005
18. 约瑟芬·艾夫〔澳〕. 卓越服务. 北京：旅游教育出版社，2005
19. 邓新华. 现代酒店服务与管理. 长沙：湖南师范大学出版社，2000
20. 刘巍，潘强. 心理健康教育. 学生读本. 北京：高等教育出版社，2005
21. 潘强. 中职生社会适应与发展. 北京：高等教育出版社，2006